近代中日關係史料彙編
抗戰時期
封鎖與禁運事件

Historical Documents on Modern Sino-Japanese Relations

The Blockade of the Second Sino-Japanese War

近代中日關係史料彙編
總序

呂芳上
民國歷史文化學社社長

一

　　日本是中國的近鄰，也是強鄰，中日之間一衣帶水，本應唇齒相依，共營孫中山的大亞洲主義，互助互榮；也大可以在一念之間，分出蔣介石所規勸的敵乎友乎，和睦共處，以臻東亞大同境界。但日本國力強大之後，不此之圖，選擇走向侵略、走向戰爭，對鄰邦由蠶食而鯨吞，結果釀成的是你傷我殘的悲劇。

　　中日關係的發展，遠的不提，辛亥革命時，日本原有干涉意圖不果，改採兩面外交，著重者在滿洲特殊權益。1914 年一戰爆發，次年日方即向袁政府提出二十一條要求，嚴重妨礙中日正常外交的推進。二十一條交涉甫告段落，日本又為洪憲帝制，蛇鼠兩端，迫得袁世凱含恨以終。其後復對北洋政府在參戰、借款問題及和會、山東問題上，施其詭譎伎倆，導致五四運動的發生。1921 年的華盛頓會議，九國公約中，日本雖在特殊利益上，沒獲多大斬獲，但日本遍及東北、華北的軍事部署，其有恃無恐、肆意在華

擴張的野心,已相當明顯。

1926 年,在南方的國民革命軍,揮師北指,很快的統一中國,這不是對中國抱持野心的日本所樂見的事,於是中日關係走入新的階段。

二

1920 年代初期,在南方的國民黨勢力崛起,1926 年國民政府開府廣州,接著北伐,1927 年定都南京,於是中國對內、對外新局面形成。1927 至 1952年間,自北伐後中日談判重訂關稅、出兵山東開始,中經九一八、上海事件、華北事變、蘆溝橋事變,以迄戰爭結束、簽訂和約,具見日本以強國步步進逼,盛氣凌人,中國則以弱勢對應,先是退讓、容忍,終以干戈相見,最後日本以敗戰自食惡果。

1961 年,逢中華民國建國五十年,民間各界特別組成「中華民國開國五十年文獻編纂委員會」,負責出版各類叢書,其中之一是1964 年至1966 年以「中華民國外交問題研究會」為名編印之《中日外交史料叢編》一套九種。這套《叢編》基本上以國民政府外交檔案為主,北京政府外交檔案為輔編成。雖不能對兩國從文爭到武鬥的材料,作鉅細靡遺的羅列,但對兩國關係的重大起伏,實已提供學界深入研究的基礎史料。本社鑒於這套《叢編》對近代中日關係具有很高的史料價值,除聘請學者專家新編「華北事變」資料專輯附入外,特別以《中日外交史料叢編》九種為基礎,重新增刪並編輯匯成《近代中日關係史料彙編》

1935）、萬寶山事件與中村事件（1931-1932）均與
日本有關。三、《國民政府北伐後中日直接衝突》北
伐進行過程中，發生若干涉外事件，本冊所輯南京事
件（1927-1934）、漢口事件（1927-1931）、日本第
一、二次出兵山東（1927-1929）、。四、《九一八事
變的發生與中國的反應》侵略滿蒙，進而兼併中國，
是日本大陸政策的目標，甲午戰爭、日俄戰爭均是向
外擴張的北進政策，1931 年的瀋陽事變是日本北進
的高峰，更是二次大戰前奏。當時政府為應付嚴重變
局，特在中央政治會議內成立「特種外交委員會」，
自1931 年9 月至12 月，共召開五十九次會議，本冊收
錄了這一重要會議的會議紀錄。五、《九一八事變後
日本對華的破壞與侵逼》九一八事變之後，日本侵華
腳步未曾停止，所謂「得寸進尺」差可形容，本冊所
輯資料，重在日軍繼續挑釁（1932-1933）、日軍暴行
與中國損失（1931-1933）、日本在東北破壞中國行政
權完整（1932）。六、《日軍侵犯上海與進攻華北》
1932 年，日本藉口上海排斥日貨，嗾使日本浪人及
海軍陸戰隊滋事，毆人縱火、殺死華警。上海市府提
出抗議，日領反稱日本和尚五人被毆，提出反抗議，
要求中方道歉、賠償、懲兇、制止反日行動。1 月 28
日，日方迫令中國軍隊退出閘北，隨即向中方開火，
是為淞滬戰役。歷時月餘，5 月初始成立停戰協定。
事實上，九一八事變後，日軍節節進迫，進攻熱河，
侵擾察冀，無底於止；中方則忍辱負重，地方飽受戰
火蹂躪，中央遭受輿論撻伐，中日關係瀕臨破裂。本

資料集收錄日軍侵犯上海之一二八事變（1932）、進犯熱河（1932-1935）、侵擾察冀及河北事件致有「塘沽協定」，及所謂「何梅協定」（1933-1935）等文件的簽訂。七、《蘆溝橋事變前後的中日外交關係》廣義的第二次中日戰爭，始於 1931 年九一八事變，止於1945 年日本投降。十四年間又可分為兩階段：九一八至七七（1931-1937）中國是屬備戰、局部抵抗時期，日方是侵犯、挑釁期；七七之後中國是全面抗戰，日方則陷入戰爭泥沼期。前六年中日關係有戰有和，中方出於容忍、訴諸國際調停者多，後八年中方前四年獨立作戰，後四年與盟國協同作戰，對內對外，對敵對友的諸多交涉，交件中充分顯示戰前與戰爭外交的複雜面貌。本冊主要內容包含：（一）七七事變前的中日交涉（1934-1937），涉及廣田三原則、共同防共及滿洲國承認問題。（二）事變前日方的挑釁（1934-1936），又包括藏本事件、香河事件、成都事件、日人間諜行為等。（三）從七七到八一三（1937-1938），指的是全面抗戰爆發前後的中日衝突，例如蘆溝橋事變的發生、交涉、日本中國撤僑、八一三虹橋事件及戰事發展等。八、《蘆溝橋事變發生後中國向國際的申訴》七七事變後中日軍事衝突加劇，但鑑於雙方勢力懸殊，中國仍寄望透過國際干涉以制止日本侵華野心。本冊文件集中在中國向國聯控訴日本侵略（1937）。內容包括是年 9 月 13 日中國向國聯提出對日控訴始末。其間涉及國際間聲援、九國公約會議種種相關資料。九、《滿洲國的成立與國

聯對日本侵華的處理》1931 年九一八事變後，因國聯
不能有效制裁日本的侵略行動，日本乃放膽實施侵吞
中國計畫，一方取速戰速決之策，以亡中國；一方為
掩人耳目，實行以華制華之計，製造傀儡組織。1932
年滿洲國之成立到 1938 年扶植汪偽，均此之圖。本
集主要內容有偽滿洲國的成立經過（1932-1935）；
中國控訴、國聯之處理（1931-1933）。十、《偽組
織的建立與各國態度》本冊文件集中在華北自治問題
（1935-1937）及南京偽政權（1938-1943）之醞釀與
成立。十一、《抗戰時期封鎖與禁運事件》戰爭發生
後，可注意的事有三，一是受戰爭影響的敵境及海外
華人權益維護問題、敵僑處理及外僑保護，二是敵人
對鄰近地區的禁運、控制，三是盟國以自身利益出發
的措施如何影響中國。大抵言之，國民政府與同盟國
結盟，提升了國際地位，也保障戰後國際角色的演
出。不過，同盟關係也有摩擦和困擾，例如美國中立
法案（1939-1941）、英國封鎖緬甸運輸通路（1940）
對中國造成的損害。本集資料內容即包括：一、戰時
中國政府的護僑、護產措施；二、日本對東南亞的控
制，如越南禁運、封鎖緬甸、控制泰國；三、美國中
立法案、禁運法案及與日使野村談判；四、1940 到
1945 年間日蘇關係的轉變等。十二、《日本投降與中
蘇交涉》1945 年 8 月 14 日，日本投降，上距七七有
八年，距九一八為時十四年，距甲午之戰五十一年，
「舉凡五十年間日本所鯨吞蠶食於我國家者，至是悉
備圖籍獻還。全勝之局，秦漢以來所未也」。中國戰

勝意義自是重大，但蔣中正委員長在當天廣播中，則
不無憂慮的指出：「抗戰是勝利了，但是還不能算是
最後的勝利。」顯然國共關係惡化、戰犯處置之外，
東北接收與中蘇交涉等棘手問題，均將一一出現。本
集資料重在日本投降經過，接收東北、接收旅大與中
蘇交涉，張莘夫被害案（1945-1947）。十三、《戰爭
賠償與戰犯處理》包含1943年同盟國準備成立戰爭罪
行調查會至1948年中國戰犯處理委會工作報告相關文
件。十四、《金山和約與中日和約的關係》交戰雙方
和約簽訂，戰爭才算結束。中華民國對日和約，遲至
1952年日降後六年又八個月才在臺北簽字，原因涉及
戰後中國變局。1945年日本敗降，1949年12月，中
國共產黨勢力席捲大陸，中華民國政府退守臺灣，這
時蘇聯在東亞勢力擴張，國際局勢鉅變，戰勝的中、
美、英、蘇、法五強，對東亞新秩序的建立，有複雜
考量，同盟52國在舊金山召開對日和會，直到1951
年9月8日，才有蘇、波、捷之外的49國參與簽訂的
金山和約。當時中華民國未獲邀參加，次年（1952）
4月28月在臺北正式簽訂中華民國對日和約，結束了
中華民國與日本的戰爭狀態。由於戰後美國在東亞扮
演舉足輕重的角色，因此也可看到中、美、日三方外
交穿梭的足跡。本集資料主要有一、中國對金山和約
立場表示（1950-1952）與金山和約的簽訂；二、中日
雙邊和約前的籌議，包括美方意向、實施範圍、中日
雙邊交涉及名稱問題的討論。十五、《中華民國對日
和約》二戰結束後，冷戰接踵而來，1949年後中國形

成一國兩府的分裂局面，蘇、英、美對誰能代表中國
與日本簽訂和約有分歧看法，1950 年韓戰爆發，英、
美獲得妥協，同盟國對日舊金山和會不邀中國參加，
在美方折衝下，日本決定與中華民國政府商訂雙邊條
約。1952 年 2 月，日代表河田烈與中華民國外交部長
葉公超在臺北磋商，最後雙方簽訂「中華民國與日本
國間和平條約」，雙方互換大使，直到 1972 年 9 月，
遷移臺灣的中華民國政府與日本維持了約二十年的正
式外交關係。這本資料集彙聚雙邊和會的一次籌備
會、十八次非正式會議及三次正式會議紀錄，完整呈
現整個會議自籌備至締約的過程，史料價值極高。

四

　　如果說抗日戰爭是八年，那麼九一八後的六年是
中國忍氣吞聲、一再退讓的隱忍時期，七七事變應是
中國人吃盡苦頭、退無可退的情況下，為求生存而奮
起的開端，此後的九十七個月，在烽火下的中國百
姓，過的何止漫漫長夜。八年中前五十三個月，中國
孤軍奮鬥，後四年才有盟軍並肩作戰，其間大小戰鬥
無數，國軍確實是勝少敗多，即使勝利前多，說國命
堪危也不為過。這次戰爭，日本固然掉入難以自拔的
泥潭，中華民國政府也在獲得遍體鱗傷的「皮洛式勝
利」（Pyrrhic Victory）後，隨即江山易色，勝利者反
變成另一場戰爭的失敗者，其後政局的演變，似乎不
容易給史家，從容寫出恰如其份的抗戰史來。

　　1970 到 1990 年代，中研院近史所曾利用庫藏外

交部檔案，出版過民國時期「中日關係史料」十五種
二十一冊，選題時間範圍只限於北京政府時期（1912-
1928）。本社出版這套《彙編》，正好延續了其後國
民政府的時段。這個時段提供了局面更為複雜的交
涉、戰鼓不斷、煙硝不熄的中日關係發展史料。

有了新史料，就會有新議題，就可期待史家新研
究成果的出現。我們出版史料的初衷是如此。

編輯凡例

一、本書原件為俗體字、異體字者，改為正體字；無法
　　識別者，則以□符號表示；挪抬及平抬一律從略。

二、本書排版格式採用橫排，惟原文中提及如左如右
　　等文字皆不予更改。

三、本書依照原件，原文中提及「偽」、「逆」等文
　　字皆不予更改。

四、以上若有未盡之處，敬祈方家指正。

目錄

第一章　中國抗日時期的措施 1

　第一節　旅日僑胞的接運與救濟 3

　第二節　東南亞各地僑胞的疏導與僑資的搶救 22

　第三節　敵國人民財產之處理 47

　第四節　保護外僑 55

　第五節　封鎖敵區交通及取締偽鈔 66

　第六節　其他各項戰時措施 73

第二章　日本對東南亞的控制 93

　第一節　越南禁運 95

　第二節　日取中國存越物資 116

　第三節　封鎖緬甸 121

　第四節　拉制泰國 138

　第五節　英日簽訂處理中國海關協定 168

第三章　美國中立法案禁運法案及野村談判 173

　第一節　美國修正中立法案 175

　第二節　美國廢止美日商約及實施禁運 213

　第三節　美日談判 240

第四章　日蘇關係 253

　第一節　日蘇簽訂不侵犯條約 255

第二節　日蘇商約談判及延長漁業協定 262
第三節　佐藤赴俄及日蘇新約 264
第四節　蘇俄廢除中立協定及參戰 282

第一章
中國抗日時期的措施

第一章　中國抗日時期的措施

第一節　旅日僑胞的接運與救濟

一　中國決定接運旅日韓等地華僑

駐橫濱總領館來電

民國二十六年七月十二日

南京外交部。一一二號。十二月此間僑情不安。除商請使館向日外省要求保僑措置外，本館一方派員分往警視廳及本館管轄區域內各地方當局，要求特別保護華僑；一方訓諭華僑自重，以免影響大局。特電奉聞。駐橫濱總領館。

駐神戶總領館快郵代電

民國二十六年七月二十日

部長、次長鈞鑒：密。蘆溝橋事件發生後，當地報紙除頻發號外外，並用特大字碼記載，語多刺激。兵庫縣廳及憲警當局為防發生意外，迭經派員來館，表示極力保護華僑之意。警察方面除派便服警官一人常川駐箚館中外，並經另組五隊分赴華僑較密地帶，巡邏防範。辰下本館轄內尚均安堵。再：本館除分函所轄各縣廳請任保護華僑完全責任外，並經分飭僑團轉知各僑民安分守己，照常營業。謹聞。守善叩。十五日。

外交部僑務委員會會呈行政院

民國二十六年八月四日

查華北戰事，日益嚴重，將來趨勢若何，殊難逆料，我旅日僑民人數眾多，外交部迭據駐日各使領館來電，請示機宜，當於八月三日召集財政、交通、教育、參謀四部及僑務委員會等開會討論，議決下列數項：

一、通知僑民準備一切，隨時回國。

二、由駐日大使館與各領館商定集中華僑計劃。

三、參照一二八上海事變時運送華僑辦法，由交通部辦理派輪運送留日華僑事宜。

四、回國華僑應加以查驗及登記。

五、大部分華僑撤退後，對於少數留日華僑，領館應另加調查統計，必要時得組織留日華僑維持會。

六、歸國貧苦華僑，應商到達口岸之省市政府或慈善機關，分別設法收容或遣送回籍。

七、留日學生中途失學回國，應分公費生及自費生二種設法安插。

八、派員在滬統籌辦理救濟事宜。

九、呈請行政院撥款備作遣送及救濟旅日華僑之用。

以上各項，業已由各關係部會分別辦理。惟查旅日華僑人數，僑務委員會曾加統計約十五萬人，而據日方統計，則為六萬一千八百餘人，最近外交部根據使領館所辦華僑登記，其中已發登記證報部有案者，凡四萬一千餘人，以農工佔多數。值此事變，倉皇回國，或無充分旅費，或失業無以謀生，似非有大宗款項，實不足以言救濟。理合呈請鈞院核定相當數目，令飭財政部迅撥

過會，以憑辦理，實為公便。再此呈由外交部主稿，合併陳明。謹呈行政院。

僑務委員會委員長　陳

外交部部長　王

外交部致交通、財政、教育、參謀、僑務等各部會公函

民國二十六年八月五日

查保護旅日華僑一事，前蒙貴部、會派員，會同有關各部會、部於八月三日在本部會商，議決辦法九項，由各部會分別辦理。除呈報行政院並分函外，相應抄送會議記錄一份函請查照為荷。此致交通部、財政部、教育部、參謀本部、僑務委員會。

附保護旅日華僑會議紀錄

日期：八月三日下午四時

地點：外交部會議廳

出席：楊宣誠　張培留代（參謀本部）

　　　周演明　張紹楚（僑務委員會）

　　　馬巽（交通部）　薛培元（教育部）

　　　李儻　沙曾怡代（財政部）

　　　吳頌皋　董道寧　王宗旦（外交部）

主席：吳頌皋

議決事項：

一、通知僑民準備一切，隨時回國。

二、由駐日大使館與各領館商定集中華僑計劃。

三、參照一二八上海事變時運送華僑辦法，由交通部辦理派輪運送留日華僑事宜。

四、回國華僑應加以查驗及登記。

五、大部分華僑撤退後，對於少數留日華僑，領館應另加調查統計，必要時得組織留日華僑維持會。

六、歸國貧苦華僑，應商到達口岸之省市政府或慈善機關，分別設法收容，或遣送回籍。

七、留日學生中途失學回國，應分公費生及自費生二種，設法安插。

八、派員在滬統籌辦理救濟事宜。

九、呈請行政院撥款，備作遣回及救濟旅日華僑之用。

以上（一）、（二）、（四）、（五）項由外交部辦理，（三）項由交通部辦理，（六）、（八）項由僑務委員會辦理，（七）項由教育部辦理，（九）項由外交部僑務委員會會同辦理。

行政院指令

民國二十六年八月九日

令外交部。本年八月五日國字第六八三三號會呈，為華北戰事，日趨嚴重，我國旅日僑民，為數甚多，請核定救濟款項數目，令飭財政部撥發由。呈悉，查旅日僑胞，值此事變，倉皇回國，或無充分旅費，或失業無以謀生，自應撥款救濟。惟該僑胞等經濟情形各殊，而需要救濟程度，亦復不同，關於救濟標準及詳細辦法暨救濟款項數目，應由該部及僑務委員會迅速會同財政部分別估計擬定，呈院核辦，除分行外，仰即遵照。此令。

外交部僑務委員會呈行政院

民國二十六年八月十二日

案奉鈞院廿六年第參——三四二〇號指令開：「呈悉。
查旅日僑胞，值此事變，倉皇回國，或無充分旅費，或
失業無以謀生，自應撥款救濟。惟該僑胞等經濟情形各
殊，而其需要救濟程度，亦復不同，關於救濟標準及詳
細辦法暨救濟款項數目，應由該部及僑務委員會迅速會
同財政部分別估計擬定，呈院核辦。除分行外，仰即遵
照。此令」等因，奉此。當經會同協商，僉以旅居日
本、臺灣、朝鮮各地華僑數約十五萬人，除小康之家力
能自籌旅費返國，與因環境關係不能返國者外；按最低
限度估計，貧苦僑民應需政府撥款遣送者，在日本、朝
鮮當有一萬人，臺灣僅有五千人，自日本及朝鮮至上海
轉回原籍每人需國幣三十八元，由臺灣至廈門、汕頭轉
回原籍每人需費十元，如由交通部派國營招商局撥輪接
運，則在日本、朝鮮方面每人可減少十八元，其在臺灣
方面因派輪運送極不經濟，祇可令其自行搭船回國，酌
給旅費。惟本部茲准交通部咨稱：「國營招商局輪船不
敷調遣，須向其他民營公司或外國公司接洽雇用，分駛
集中地點，接護歸國，所有輪船費用，在指撥招商局之
船，固可令其確實開報支給，但其他租雇船隻，即須給
付，本部無可籌墊，擬請根據需用船數，預計需款若
干，呈請　行政院飭由財政部早日預撥過部，以便支付
而免差誤。」等由，本部電令駐日大使館查明歸僑人數
及集中地點。茲據該館電復，已指定日本橫濱、神戶、
長崎三處，朝鮮仁川一處，臺灣基隆、高雄二處，為集

中地點，至歸僑人數，俟各館復到彙陳等語，一時尚難有確實統計。倘將臺灣除外，歸僑以一萬人計算，由其他輪船公司載運至少需國幣三十八萬元（如國營招商局輸送則減少十八萬元），共分若干批接運，目下形勢推移，殊不可測，似未便待人數確定，然後請款。茲擬請先撥國幣九萬五千元舉辦第一批接運，實報實銷。此後歸僑人數，擬俟駐日使館查實確數呈報，再行請款接運。謹遵照令開救濟標準運送辦法所需款項各條，擬具護送旅日華僑歸國辦法繕呈鈞院察核，指令祇遵，實為公便。再此呈係由外交部主稿，會併陳明。謹呈行政院。

計附呈護送旅日華僑歸國辦法一件日本朝鮮臺灣華僑人數一覽表。

僑務委員會委員長　陳

外交部部長　　王

附護送旅日華僑歸國辦法

（甲）救濟標準：

> 1. 經營商業能自籌旅費者，由該僑民向使領館報名，自由乘船返國，其旅費不予補助。
> 2. 受雇於商店工廠等之貧苦僑民，或攜同眷屬回國者，其旅費由政府補助之。

（乙）運送辦法：

> 1. 歸國僑民應向使領館報明姓名，及原華僑登記證號數，其未經登記者，由使領館發給證明書。

2. 業經報名回國之僑民，由使領館指定日期、船名及集合地點，使各僑民依時齊集，經點名後護送下船，啟程返國。

3. 歸國僑民，應由使領館指定一、二人為領導，率領該歸僑返國，擔任沿途護送及登陸照料之責。

4. 所有歸僑，應由使領館依照下船人數，分別男女老幼，列表蓋章，交由領導者負責送上海僑務局點名照料。其臺灣歸僑由廈門進口者，應將該名表送廈門僑務局點名照料。

5. 上海、廈門各僑務局應接待各歸僑至預備招待處所（如有關係之各省會館或同鄉會等）住宿，遇必要時可由外交部、交通部派員至滬，會同指導辦理。

6. 依各歸僑之籍貫及舟車之便利，分別送回原籍。

7. 按照使領館所列名表，查點無誤，即根據該表列數報銷。

8. 歸僑在日本留存之產業等，由我國使領館設法代為保管。

（丙）所需款項：

1. 歸僑每人旅費分計

　　A　日本部份

　　　（一）由日本長崎、神戶、大阪、橫濱乘商船至上海，統艙船票平均約計十八元。

　　　　說明：如交通部派遣招商局專輪接
　　　　　　運，此費可以變更。

（二）由日本至上海，沿途行李搬運及伙
　　　食雜費等約計五元。

（三）在上海待船回籍，平均約住二天，
　　　伙食雜費及行李搬運費等約共五元。

（四）由上海至山東濟南、青島，浙江青
　　　田，福建福州、廈門，廣東廣州、
　　　汕頭等處，船票伙食雜費等約十元。
　　　計每人旅費約需三十八元。

B　臺灣部份

（一）由臺灣至廈門、汕頭等處，每人船
　　　票及伙食雜費，平均約五元。

（二）由廈門、汕頭回鄉船車票及伙食雜
　　　費五元。
　　　計每人旅費約需十元。

2. 歸僑人數及旅費統計

一、日本及臺灣華僑除自籌旅費歸國，及因
　　環境關係不能歸國者外，按最低限度計
　　算（十分之一），預定日本各地一萬人，
　　臺灣五千人，共一萬五千人，擬分為若干
　　批資遣返國。

二、日本華僑返國一萬人，每人卅八元，需
　　費卅八萬元，又臺灣華僑返國五千人，
　　需費五萬元。

三、擬請政府先撥十萬元，以作接運第一批
　　華僑返國之用，其餘歸國人數尚有若干俟
　　駐日使館報告後，再行呈請撥款接運。

附日本朝鮮臺灣華僑人數一覽表

國別	人數／總數	附註
日本	20,074 人	
神戶	男 3,549 人 女 1,867 人	
	共：5,416 人	
東京	男 4,491 人 女 1,016 人	
	共：5,507 人	
橫濱	男 2,331 人 女 1,307 人	
	共：3,873 人	
大阪	男 3,333 人 女　414 人	
	共：3,741 人	
長崎	男 911 人 女 353 人	
	共：1,264 人	
國別	人數／總數	附註
朝鮮	70,290 人	
京畿道	12,600 人	
慶尚南道	1,075 人	
慶尚北道	1,308 人	
全羅南道	1,081 人	
全羅北道	2,144 人	
忠清南道	1,818 人	
忠清北道	610 人	
黃海道	3,482 人	
江原道	810 人	
咸鏡南道	6,960 人	
咸鏡北道	6,625 人	
平安南道	5,643 人	
平安北道	26,134 人	
臺灣	男 40,779 人 女 18,913 人	
	共：59,692 人	

二　行政院撥款接濟旅日歸僑

行政院指令

民國二十六年八月二十一日

令外交部。本年八月十四日國字第七零四二號會呈，為奉令會商護送旅日華僑回國辦法，請鑒核示遵由呈件均悉。案經提出本院第三二五次會議決議：「通過第一批接運僑胞費用國幣九萬五千元，由財政部先行墊撥，在廿六年度國家第二預備費項下動支。」除令飭財政部遵照辦理，並函達國民政府主計處查照外，仰即會同僑務委員會編造概算，呈院核轉。此令。

外交部僑務委員會呈行政院

民國二十六年八月二十二日

查關於護送旅日華僑回國一事，前經本部等會呈鈞院撥款辦理在案。茲奉鈞院第參三五五〇號指令開：「呈件均悉。案經提出本院第三二五次會議決議『通過第一批接運僑胞費用國幣九萬五千元，由財政部先行墊撥，在廿六年度國家第二預備費項下動支。』除令飭財政部遵照辦理，並函達國民政府主計處查照外，仰即會同僑務委員會編造概算呈院核轉。此令。」等因；奉此。遵經編就概算書五份，理合檢呈，伏乞鑒核施行。謹呈行政院。

計呈附概算書五份。

僑務委員會委員長　陳

外交部部長　王

行政院指令

民國二十六年十月一日

令外交部。二十六年九月二十三日國二六第七七一一號
會，呈編具第二次接運日本、臺灣華僑歸國費概算書，
呈請鑒核令遵由。呈件均悉。案經提出本院第三三一次
會議，決議：「通過。」除函請主計處查照核轉，並令
行財政部查照第一批接運費支撥辦法辦理外，仰即知
照。概算書分別存轉。此令。

行政院訓令

民國二十六年十月十二日

令外交部案奉國民政府廿六年十月四日第六九一號訓令
內開：「為令飭事，據本府文官處簽呈稱：『准中央政
治委員會秘書處廿六年十月一日函開：案准貴處函，以
遵照政府批示轉送外交部、僑務委員會會編第一批接運
日本及臺灣華僑歸國用費廿六年度歲出臨時概算一案，
經陳奉中央政治委員會發交財政專門委員會核稱：查分
批接運旅日本、朝鮮、臺灣等地貧苦華僑歸國，業經關
係機關擬具辦法，呈院核准，本案第一批接運日本、臺
灣華僑歸國用費九萬五千元，確係特殊急要之款，核與
預算章程第廿八條及國難時期各項支出緊縮辦法，均無
不合，擬請批准在廿六年度國家普通總預算第二預備費
內如數動支等語，奉主席批照辦。除俟提會報告外，相
應函達查照轉陳政府分別令飭遵辦。等由，理合簽請鑒
核』等情，據此，應即照辦。除飭處函復並分行外，合
行令仰該院分別轉飭遵照。此令。」等因，奉此。除分

令財政及僑務委員會外,合行令仰遵照。此令。

院長 蔣中正 二十六年十月十一日

三 照料歸國華僑及留日學生

鐵道部快郵代電

民國二十六年八月二十九日

外交部勛鑒:本月廿二日國字第 26—7213 號養代電誦悉。茲經本部規定辦法,凡留日回國學生如需乘車返籍者,可由大使館簽發證明書,由各生持赴經行各路,准予憑證免費乘車,除電飭各路遵辦外,特電奉復。鐵道部部長張嘉璈。儉業印。

駐日大使館東京來電

民國二十六年九月二日

南京外交部。一二三三號。二日。八一九號電敬悉。滯留日本學生約尚有五百人,遵已製免費搭乘車船證,填明姓名籍貫,經由到達地點及有效期間,蓋館印,憑監督處證明編號發給,祈再分轉交、鐵兩部暨各省市政府惠予接應照拂。並轉商各處省營民營、交通機關一體准予乘用,另請轉咨教育部查照。大使館。

附註:八一九號去電,係准鐵、交兩部可由該館發給
　　　留學生歸國免費乘車船證由。電報科謹註

外交部致交通部、鐵道部公函

民國二十六年九月五日

案查留日回國學生返籍免費乘車船一事,前准貴部儉業

字第一六五六號、有字第一三〇〇五號代電復各節，當經本部電飭駐日大使館遵照辦理在案。茲據該館電復略稱：「滯留日本學生約尚有五百人，遵已製免費搭乘車船證，填明姓名籍貫，經由到達地點及有效期間，蓋館印，憑監督處證明編號發給，祈再分轉交、鐵兩部暨各省市政府惠予接應照拂，並轉商各處省營、民營交通機關，一體准予乘用。」等語；除分函交通部、鐵道部外，相應函請查照並希轉飭所屬各局，於該生等到達時，予以便利為荷。此致鐵道部、交通部。

外交部致東京使館電

民國二十六年九月三日

Sinoembassy Tokyo，並電轉駐日、鮮、臺各領館及辦事處鑒：近日歸僑甚多，為杜奸宄，應注意：（一）行前登記給證。（二）將啟椗時，應派員點名，分別男女老幼列表，其因貧苦由使領館代購船票者，除登記證上註一助字外並須於表上載明，以資稽核，而便救濟。（三）表交可靠歸僑領袖，攜呈入口地之僑務局或地方機關查驗，仰切實遵照辦理，並將遣僑情形隨時具報。外交部。

外交部致僑務委員會公函

民國二十六年九月三日

查護送旅日華僑歸國一事，前經貴會與本部商定辦法，會呈在案。茲參照該項辦法規定，凡華僑回國，概須先行登記，其貧苦無力由使領館代購船票者，登記證上註

一「助」字,啟椗前由領館派員點名,分別男女老幼列表,責成歸僑領袖持呈本國僑務局或地方政府機關,以便查驗。除已由部電令駐日大使館轉飭所屬各領館及辦事處遵照辦理,並分電廣州、廈門、上海、青島市政府、威海衛管理公署及煙臺公安局外,相應函請貴會分令各地僑務局接洽辦理。其關於歸僑男女老幼籍貫之統計,及因貧苦無力由使領館代購船票者之人數,並懇抄送一份過部,以憑稽核為荷。此致僑務委員會。

外交部致僑務委員會公函

民國二十六年九月三日

據駐日大使館電稱:「據臺北總領事電稱,『僑民歸國只有香港一路,當地對我僑情形日壞,交涉完全失效,浙、閩僑民抵香港後,遣送回籍及收容指導諸事,均須辦理。如閩、粵發生戰事,擬在香港設辦事處。現正趕辦臺南登記及救濟,恐將來密電不通,請轉部示遵』等語。除候部墊遣僑費四萬元滙到後分配外,敬乞核示。」等情。查日艦封鎖我國沿海以來,各路海運幾告停頓,旅日華僑除朝鮮外,均須取道香港返國,而日、臺華僑數逾十萬,所有集中載運查驗收容各節,本部於八月三日曾與有關各部會商議,當時議決請貴會派員在滬統籌辦理救濟事宜在案。目前形勢變遷,香港地位已取上海而代之,應否改在該處或其附近地方設立辦事處,以資統籌救濟之處,相應函請貴會斟酌辦理,並希見復為荷。此致僑務委員會。

僑務委員會公函

民國二十六年九月十日

宙管字第一五八九號。案准貴部國 26 字第七三五三號公函，為接運旅日華僑歸國一案，目前形勢變遷，香港地位已取上海而代之，應否改在該處，或其附近設立辦事處，以資統籌救濟之處？函請斟酌辦理見復等由，到會。查上海、廈門、汕頭各海口既被敵艦封鎖，則由日本、臺灣歸僑祇有香港一路可通，自當在香港設立辦事處以辦理歸僑回籍事宜。惟此種辦事處之設立，須先得當地政府之同意，應請貴部設法商洽。按照原定護送旅日華僑歸國辦法第五條之規定：遇必要時，可由外交部、交通部派員會同指導辦理，則該辦事處自應由貴部與本會派員會同辦理。該派員除原有薪俸不另給發外，關於辦事處之房租費用及歸僑轉運船票旅費自當由公家支給。至此次接運第一批歸僑經費九萬五千元，預計可接運由日本至上海二千人，由臺灣至廈門一千九百人，及由滬、廈轉回原籍各旅費之用，若日本、臺灣兩處華僑改由香港轉道回籍，路線不同，經費自異，原擬預算，似應變通。況准函以「日、臺華僑數逾十萬」，若果全數改道香港回國，則不但第一次所撥之九萬五千元不敷應用，即原定四十三萬元之款亦所差甚鉅，應如何增加預算，似亦成問題。目下該九萬五千元，如果領到，擬請先撥三萬元過會以便會同派員至香港辦理歸僑回籍費用，相應復請查照核辦，並希見復為荷。此致外交部。

委員長　陳樹人

駐日大使館東京來電

民國二十六年九月四日

南京外交部。第一二三九。四日。僑民回國除朝鮮外，概須取道香港，且多貧困，其籍貫江、浙、皖、贛、鄂、川者路途尤遠，為免費起見，可否援照留學生乘國營車船例，凡回籍者，准予免費或半價，由各領館發給證券，但於登記上蓋註領館戳記，以回原籍者為名，並確定有效期間。敬祈鈞部核商鐵道、交通兩部及僑務委員會示遵。大使館。

外交部致交通部、鐵道部代電

民國二十六年九月七日

交通、鐵道部勛鑒：據駐日大使館電稱，僑民回國，除朝鮮外，概須取道香港，且多貧困，其籍隸江、浙、皖、贛、鄂、川等省者路途尤遠，為救濟起見，可否援照留學生乘國營車船例，凡回籍者，准予免費或半價，由各領館分別發給證券，敬祈核商電示等情。查關於歸國留日學生發給免費乘船、車證，前經商准大部在案，僑民情形相同，可否准予援例辦理，以示體恤之處，特電請查核見復為荷。外交部叩。魚印。

交通部快郵代電

民國二十六年九月十日

外交部勛鑒：案准貴部國26—7411號代電略開，關於旅日僑胞取道香港回國，可否援照留學生乘國營車船例，免費乘坐回籍等由過部。查國營招商局因受戰事影

響，各地客貨運輸減少，收入銳減，日常開支已屬不易維持，僑胞人數甚多，若悉援留學生乘船例免費優待，該局實力有未逮，爰准以半費乘船，以示優待。除令飭漢口招商分局遵照外，相應電復，即希查照為荷。交通部灰印。

交通部公函

民國二十六年九月十日

案准貴部二十六年九月四日國 26 字第7365 號公函，為旅日學生回國免費乘車船一案，請查照分別飭知，等由；准此，除令國營招商局漢口分局知照外，相應函復查照，此致外交部。

鐵道部快郵代電

民國二十六年九月十三日

外交部勛鑒：本月虞代電奉悉，駐日大使館電請對於回國僑民取道香港回籍准予免費乘車一節，特准照辦。惟仍須由各領館分別發給證明書，並註明每人姓名、年歲、籍貫、經行鐵路、起訖地點及乘車期限，以便查對，除分電京滬、津浦、平漢、平綏、隴海、正太、膠濟、南潯、粵漢、廣九（華段）各路局，並抄知浙贛路理事會外，相應電覆查照轉知為荷。鐵道部真業印。

外交部僑務委員會呈行政院

民國二十六年九月二十三日

查救濟旅日歸僑一案，本部會等曾於八月十四日會呈鈞

院，請先撥國幣九萬五千元舉辦第一次接運，擬由日本、朝鮮載回二千人，臺灣載回一千九百人，包括旅什費及回籍費在內，業於概算書內註明在案。嗣因中日戰局開展，僑民回國人數激增，本部最近據駐日大使館電稱，在日本方面已運回二千七百餘人，在朝鮮方面已運回三萬五千餘人等語。溯自日本封鎖我國海岸以來，招商局輪船既不能出航，各友邦商輪覓租不易，原定載回上海者，勢又不能不改道香港等處，運費驟增數倍，例如臺灣華僑已報名待歸者六千人，本部租定英輪羅若雷馬勒號載送，以五千人為標準，接運一次，已需一萬七千餘元。綜上各節，所有歸僑人數及旅什費，均已超出原定預算範圍，而歸國後之回籍費用尚不計算在內。前次奉准之九萬五千元，除經財政部撥到七萬元，業由外交部為應急需，掃數電滙駐日大使館分配外，本會方面，實際上未曾領到分文。現彙集各館報告，華僑待船歸國者尚有二萬餘人，需款迫切，自不待言。至第一批歸僑回國後，除經外交部商准鐵道部免費乘車、交通部半費乘船外，其陸續由香港轉船及由廈門轉往內地者，本會所屬各僑務局因無充分經費，對於辦理救濟遣送回籍事宜，應付亦感困難。不得已就目前最低限度之需要，再請增撥國幣六萬五千元，以備撥交各館及各局撙節動支，俾資應付。理合編具第二次接運日本、臺灣華僑歸國費概算書五份，呈請鑒核辦理指令祇遵，實為公便。謹呈行政院。

計呈附概算書五份。

　　　　　　　　　　僑務委員會委員長　陳

　　　　　　　　　　外交部部長　　　　王

外交部致鐵道部、交通部代電

民國二十六年九月二十三日

代電。鐵道部、交通部勛鑒：據駐日大使館電稱：歸國
留學生免費乘車乘船證現已發出三七三張，惟據學生來
函稱：車站須呈請總局核准後，始可免費，往返周折費
時，反感不便，擬請商鐵、交兩部電飭盡量予以便利等
語。查留日學生回國經由廣州返回原籍免費乘車、船辦
法，業准貴部儉業字第一六五六號電、有字第一三〇〇
五號電，已分令各路、國營招商局漢口分局遵辦在案。
茲據前電，除分電外，請即迅電所屬各分局於該生等到
達時，盡量予以便利為荷。外交部。有。

鐵道部快郵代電

民國二十六年十月五日

外交部勛鑒：九月有代電奉悉。關於留日學生回國經由
廣州免費乘車返回原籍一節，業經再分電國有各路局轉
飭各站，於該生等到達時。儘量予以便利。特電復查照
轉知為荷。鐵道部支業印。

第二節　東南亞各地僑胞的疏導與僑資的搶救

一　向英菲澳荷交涉僑民撤至安全地區

外交部致駐新嘉坡等地領事館電

民國三十年十二月九日

駐新嘉坡總領事館、駐馬尼刺總領事館、駐巴達維亞總領事館、駐仰光總領事館：太平洋戰事爆發，仰迅遵照歐 30 字第 0198 及 1284 號兩令，斟酌當地情勢，勸導並協助僑民疏散至安全地帶，以求生命及財產之安全。並仰遵照歐 30 字第 1595 號代電，勸導僑民壯丁參加當地自衛組織或投效當地正式軍隊。並將辦理情形隨時具報為要。外交部。

附註：歐 30 字第 0198 號訓令，頃發「緊急時期護僑指導綱要」仰尊辦由。歐 30 字第 1284 號訓令，續發「緊急時期協助僑民回國急移居辦法」仰尊辦由。歐 30 字第 1595 號代電，電知編組南洋華僑壯丁義勇軍兩項辦法仰積極推動由。歐四科謹註。

外交部致駐山打根等地領事館電

民國三十年十二月九日

駐山打根領事館、駐檳榔嶼領事館、駐吉隆坡領事館、駐泗水領事館、駐巨港領事館、駐棉蘭領事館、駐望加錫領事館：太平洋戰事爆發，仰迅遵照歐 30 字第 0198 及 1284 號兩令，斟酌當地情勢，勸導並協助僑民疏散

至安全地帶，以求生命及財產之安全。並仰遵照歐30字第1595號代電，勸導僑民壯丁參加當地自衛組織或投效當地軍隊，並將辦理情形隨時具報為要。外交部。

歐洲司梁司長會晤英使館艾倫秘書談話紀錄

民國三十年十二月二十四日

三十年十二月二十四日上午十時在本部會客室

關於檳榔嶼華僑撤退事

梁司長謂：據報最近檳榔嶼撤退以前，未經通知當地華僑，以致損失甚大，復有若干華僑在撤退時遭受歧視待遇等情，擬請轉達馬來亞軍事及地方當局，嗣後在撤退時給予華僑同等便利。

艾倫秘書允即將此事報請卡爾大使核辦，並謂檳榔嶼等地撤退時非常倉促，地方當局難免有欠週到之處，嗣後自應由主管撤退事務之人員在原則上與事實上注意，給予當地華僑以同樣便利，不得稍有歧視待遇。

外交部致英駐華大使館函

民國三十年十二月二十五日

外交部茲向英國大使館致意，並聲述：據報，最近檳榔嶼失陷前，情勢混亂。英籍及歐籍人民均已事先撤退，獨華人非但未獲當地官廳協助，抑且遭受蔑視，致生命及財產之損失，極為鉅重等情。

查本月十七日馬來總督曾在立法會議，佈告全體居民，以後遇有必要之撤退時，將不分別人種，予以優遇。而

此次檳榔嶼撤退，當地官廳對華人竟如是歧視。於目前中英共同作戰爭取勝利之時，尤使馬來亞全體華僑，啟生無限之失望。相應略請英國大使館轉電馬來亞政府對此事加以解釋，並保證以後不發生同樣事件，並希早日見復，至緩睦誼。

英國大使館節略

民國三十一年一月二日

英國大使館茲向外交部致意，並聲述：關於檳榔嶼撤退一案，上年十二月二十五日來略內容，已電致新加坡之馬來殖民地總督。茲已接得答復。

總督指出馬來亞一切防禦計畫包括撤退之計畫，係根據保衛新加坡之緊要目的擬定。馬來亞政府之政策，在過去及現在關於人口之異動並無種族之區別。關於此事之命令在一九四一年六月間已經發表，彼時對於遣散計畫曾予以考慮，嗣後並曾重申此項命令。

檳榔嶼之撤退，甚為急迫，因敵人由馬來亞西邊海岸迅速進攻，以致此島不能防禦。在撤退前一、二日曾有空襲，所有非歐籍之居民幾均不見。有往馬來本部者，亦有往島上鄉村地帶者，故撤退方面更加困難。公務方面所能執行者乃全由歐籍居民承乏，須知在此種情勢之下中國人民有秩序之撤退遂不可能。城市內中國區城為敵機轟炸及被機鎗掃射以致蒙受嚴重損害之事，不幸屬實，英國當局深為抱歉。另一方面中國人民亦非單獨蒙受重大損失者，據悉城內歐籍人民一切所有，亦均損失罄盡。

　　總督復報告在馬來亞之中國人民已下決心，在目前
危難中盡力擊退日本侵略。上年十二月二十六日在新加
坡總督官邸舉行會議，中國領袖等代表各方面意見一
致，決定銷除一切政治上之差別，組織一聯合陣線，共
禦倭寇。總督允諾給與馬來亞政府種種協助，循共同之
目的擊敗日本，並為達到此種目的起見，擔任給予種種
鼓勵與體格健全之中國青年盡極度之可能入伍，為禦敵
之服務。合即略達。

　　　　　　　　　　　　　　　　　一九四二年一月二日

歐洲司梁司長會晤英大使館艾倫秘書談話紀錄
時間：民國三十一年元月十日上午十時
地點：本部會客室
事由：馬來亞華僑經緬印返國事
梁司長謂自太平洋戰爭爆發後，我國馬來亞僑民須經
緬甸及印度返國者為數甚多，擬請英使館轉電緬甸，
及印度政府取銷過境簽證與事先徵求同意之手續。一
面由各該地政府逕電馬來亞政府洽照辦理，以資迅
捷，而適需要。
艾倫秘書答謂此事前准本部去文，英使館已電各有關
政府照辦，並允再電接洽云。

歐洲司梁司長會晤澳國公使館華樂秘書談話紀錄
時間：民國三十一年元月十日上午十時三十分
地點：本部會客室
事由：馬來亞華僑赴澳事

梁司長謂自太平洋戰爭發生後，我國居留馬來亞之華僑多擬疏散赴澳，擬請澳國公使館迅電澳國政府，准許華僑婦孺在保證來回川資及留澳生活費之條件下，前去澳洲。並允取銷事先徵求入口同意之手續。

華樂秘書答以此等華僑可視為遊客，進入澳洲，並允即電其政府洽辦，再行答復。

歐洲司梁司長會晤荷蘭公使館包斯秘書談話紀錄

時間：民國三十一年元月十日上午十一時

地點：本部會客室

事由：馬來亞僑民赴和印事

梁司長謂自太平洋戰爭爆發後，我國居馬來亞之僑民多欲前往和印以策安全，擬請和使館迅電和印當局，准許渠等入境，作為一種遊客前往和印旅行，並允免除事先徵求入口同意之手續。

包斯秘書答稱，和印對於入境遊客限制較嚴，此事容向和公使請示核辦，再行答復。

外交部致英大使館函

民國三十一年一月十三日

外交部茲向英國大使館致意並聲述：據駐新嘉坡總領事館電稱，北馬、中馬僑領及黨部負責工作人員及眷屬，相繼撤退到星，現在情形，婦孺准許疏散，男子則否，然各外埠僑胞到星避難，既無法工作，而情況又緊張，請與英大使交涉釐定標準，准予連同婦女疏散離星等情。查此項撤退到星華僑，一時既無法工作，現在情勢

又甚緊張，自應准予疏散，較為便利，且於當地秩序
之維持亦甚有利，相應略請英國大使館迅電新嘉坡當
局，與中國駐新嘉坡總領事館會商疏散標準，並盼見
復為荷。

歐洲司梁司長會晤荷蘭公使館秘書波士談話紀錄
時間：民國三十一年一月二十二日下午四時
地點：外交部
事由：關於南洋戰區華僑赴和印疏散事
波士：本人奉敝國公使命，奉告貴部。關於貴部請求
　　　和印政府允許南洋戰區華僑疏散前往和印各地
　　　事，敝使館已接和印政府答復稱：和印政府為
　　　疏散本國人口，早已指定安全地帶，地方有
　　　限，對於外國遷來之人口，原則上不能收容。
　　　惟念中、和邦交及目前並肩作戰之關係，願收
　　　容由南洋遷來和印之婦孺，以五百人為限額，
　　　此外如果尚有中國僑民，萬不得已須來和印避
　　　難時，和印政府當然亦只得設法照料等語。
梁司長：和印政府對於敝國僑民之疏散入境，原則上已
　　　荷接受，至為欣慰，請代致謝。至婦孺以外
　　　之華僑，如有疏散必要，亦望和印政府格外
　　　通融，隨時准予入境。
波士：此點當無問題，惟原則上不能不有限制者，因和
　　　印政府不欲獎勵過量之人口遷入和印也。

外交部致英國大使館函

民國三十一年二月四日

外交部茲向英國大使館致意並聲述：頃據報：新嘉坡政府對於華僑男子請求緬印過境簽證，除絕對少數已簽外，始終拒絕。近有雖逾七十歲之僑民領袖，亦未獲准，堅謂須電徵同意等情。查華僑領袖熱心愛國，協助當地政府，從事抗戰工作，中國政府認為亟應協助彼等撤退，以免為日方所捕，此種情形，諒為馬來當局所深知。外交部亦經迭次文請英國大使館轉電迅予辦理在案。惟據最近確報，該地政府對華僑領袖請求過境簽證，除極少數外，仍予拒絕，因而群情憤急，皆起責難。

目前新加坡情勢，更見緊張。外交部茲特再請英國大使館迅即轉電馬來政府，對於華僑領袖，一律准予出境，並給以緬印過境簽證，且隨時予以撤退上之協助及便利。相應略請查照辦理，並希早日見復，至紉睦誼。

外交部致駐英大使館電

民國三十一年二月四日

三六七號電計達，緬印當局已允避難華僑過境，無庸事先徵求同意手續。惟新嘉坡當局對我僑民領袖出境，除極少數外，始終拒絕，雖七十老翁，亦未獲准。該地情勢日緊，希即切商英政府迅予轉電該地政府，准許華僑領袖出境，並予撤退上便利及協助，盼電復。外交部。

外交部致駐新嘉坡總領事館電

民國三十一年二月七日

七六九及七七七號電均悉。本部前向英政府交涉撤退之華僑，係包括：（一）僑領及一切協助當地抗敵出力僑民。（二）由淪陷（如北馬一帶）逃亡至新者。（三）必須照顧婦孺疏散者。（四）其他有絕對離境必要者。本日據駐英大使館電稱，英政府已電新加坡當局照辦。仰即知照並轉知僑民為要。外交部。

英國大使館節略譯文

民國三十一年二月十二日

英國大使館茲向外交部致意，並聲述以關於新加坡華僑疏散事。接准一月十四日、一月十九日、一月二十一日及二月四日來略，業經閱悉。上述各節略內容，當經迅即電達新加坡。茲准海峽殖民地總督復稱，因在現行情形之下，維持交通困難，如欲多數人離新而預為安排，事實上實不能辦到。因在彼等欲離新時是否能獲得運輸上之便利，不能確定。彼曾將上述困難向中國總領事說明，並允隨時將情形告知，並盡力對彼及當地華僑予以協助。至今海峽殖民地對於准許離新之政策，須有緊急公務，或國家之要務，或家庭有五人以上之男子，始予以簽證。華僑領袖已有數人業經離新。在此種辦法之下，凡予以簽證者並非即可有舖位，因凡在海軍當局統制下之船隻，婦孺有優先權，至其他船隻則獲得簽證者可自行接洽。

總督又稱，為尊重本使館所電達彼二月四日來略中

中國政府之緊急請求，亦即彼第一次所獲得中國政府立場之確切說明，彼已訓令對於中國政府所欲撤退之五種申請人，均予以出境簽證。彼並欲向中國政府保證當地政府將盡其所能協助此類人民之撤退，但彼必須指出者，事實之能否辦到，將繼續為軍事之需要嚴屬所限制。合即復達。

一九四二年二月十二日

二　海外華僑參加抗日運動
駐巴達維亞總領館來電

民國三十年十二月十七日

重慶外交部。四一〇號。十七日。四〇九號電計達，經東亞司長代約十五日往訪西爪哇省長，職先轉達我政府已令海外僑胞協助當地抗戰工作，該省長表示感激，並頌揚中國抗戰功績。繼提議此間華僑可先從防空隊、救護隊、助警隊等入手，請職協助進行。十六日本埠中華商會召集僑領會議，議決組織巴達維亞華僑抗敵後援會，日內開成立大會，現在華僑參加當地抗戰工作，將由該會策動進行。再議決電呈和督致敬，表示竭力協助。今晨職偕僑領晉謁省長，渠贊同該後援會組織，並允飭府尹隨時與該會聯絡，謹電呈總領館。

三　搶救華僑資金
財政部快郵代電

民國二十七年二月三日

外交部公鑒：查華僑滙款回國，既關家屬贍養，復有裨

國際收支，本部向極重視，迭經督飭各銀行優訂辦法，妥為辦理。事關吸收外滙，充實抗戰力量，自應向各地僑商廣為宣傳，以宏實效。除由部分電各華僑團體轉諭僑民並另電僑務委員會外，隨電抄送本部致各華僑團體原電一件，請通行各地使領召集各當地僑民團體代表，將部定辦法剴切說明，切實勸導。並由各該代表轉達各僑胞一體知照，至紉公誼。財政部江渝錢印。

附件

財政部致各華僑團體代電

各華僑團體鑒：查華僑匯款回國，均屬終歲勤劬所獲代價，既關家屬瞻養，復有裨國際收支，本部向極重視。前經分別函令中央、中國等銀行通行各國外分行及代理處逐日掛牌，宣佈各當地貨幣折合國幣行市，以利僑滙。抗戰事起，本部為鼓勵僑胞滙款回國起見，復經分函中央、中國等銀行通知國外行處，對於僑胞滙款回國務須優訂辦法，予以便利。另由國內各行與國外行處密切聯絡，妥洽辦理。嗣奉行政院令抄發軍事委員會第二部黃專員元彬所擬華僑滙款總動員運動意見書一件到部，並經將原擬辦法第三項「各行處對於接滙僑款減輕滙費，或予以比市價較優之滙率，對於委託代收先行交付」一節，抄發中央、中國兩行查酌辦理各在案。我僑胞旅居海外，胼手胝足，飽受艱辛。歷年以節餘之資，源源滙寄回國，為數甚鉅，於我國對外貿易入超亦賴以抵補一部份，自利利國，至堪嘉尚。當茲強敵侵凌之際，正國民堅苦奮鬥之時，所望全體僑胞充分發揚愛國愛家之心，各將經營所得，盡量撙節，滙寄回國，以促

進國民經濟之發展，藉以增厚抗戰力量，並為貫澈國際
滙兌有利關係。此類滙款應交由中央、中國兩行或其代
理處，按當日牌價折合國幣交滙，如所在地或附近地帶
尚無該行等之分支代理機關，不得不交外國銀行承滙
時，亦須函知收款人委託國內中央、中國、交通或中
國農民銀行代收，以宏集中外滙之效。各行等對於委
託代收之款，自必予收款人以充分便利，不使稍感困
雖，除由部分電並電中、中、交、農四行聯合辦事處
外，即希分向當地僑胞剴切說明，廣為勸導。如該埠
已設有中央、中國等行之分支代理機關者，並將其詳
細地址通傳各僑胞知照，以便接洽，是為至要。財政
部。江渝錢印。

外交部頒發駐外各使領館訓令
民國二十七年二月十七日

（駐外各使領館）。案准財政部江代電稱：「查華僑滙
款回國，既關家屬贍養，復有裨國際收支，本部向極重
視，迭經督飭各銀行優訂辦法，妥為辦理。事關吸收外
滙，充實抗戰力量，自應向各地僑商，廣為宣傳，以宏
實效。除由部分電各華僑團體，轉諭僑民，並另電僑務
委員會外，隨電鈔送本部致各華僑團體原電一件，請
通行各地使領，召集各當地僑民團體代表，將部定辦
法，剴切說明，切實勸導，並由各該代表轉達各僑胞
一體知照。」等由；合行鈔錄附件，令仰該館遵照辦
理。此令。
附原電一件。

戰時搶救僑資流通華僑贍家匯款及保護僑產辦法草案

民國三十一年一月六日

自暴敵挑動太平洋大戰以後，我海外僑胞因散處太平洋沿岸者最多，故受此次戰爭之影響亦至巨。我華僑向來在海外辛苦經營，節衣縮食，所累積之資產，若不設法搶救，將受重大損失。為保持華僑元氣，預謀僑資免陷敵手起見，特草擬搶救僑資流通僑匯辦法。苟能迅赴事功，搶救得宜，亦聊補僑資損失於萬一。茲列其辦法如次：

甲　搶救僑資辦法

一、由財政、交通兩部分電中國、交通兩銀行，及郵政儲金匯業局在外分行或聯號，向當地僑民通告，盡量供給法幣匯票，並協助及指導僑胞，購買各地外匯。

說明：

1. 經常僑匯，中國、交通兩行及郵匯僅吸收其一小部份，而其大部份向由港、滬各地經黑市匯返。今港、滬淪於敵手，外匯黑市無形摧毀，以後僑匯端賴政府銀行經營，故其數量必大為增加。我中、交兩行及郵匯之海外分行聯號，對於僑匯應即向僑民通告，盡量收匯，毋得以非常時期之關係，或其數量之過多，猶疑拒納。並應增強機構，視乎各地情形，以最迅速手段，分別用航空與電報匯撥。

2. 我國自抗戰以後，法幣匯價日就低落，在此情形之下，我惟有防止資金外逃及吸收外匯之設

施。今太平洋戰爭發生以後，經濟情勢完全改觀，即外國資金反有藉我法幣以為逃難者。故平時僑匯，常以寄返國內，用於贍家或投資及捐獻等真實用途而匯出。今則每有購買國幣外匯，以國幣為資金逃難之尾閭。我為保障華僑資金起見，對於華僑以當地外幣購買國幣匯票，應予種種便利。換言之，即我中、交海外分行及郵匯聯號，宜無限供給法幣外匯。若因此而銀行發生外匯頭寸過多現象，應從外交上分別與英、美、荷、澳等政府商洽，作為國際劃帳之用。其有欲購進各地外匯者，並應盡指導協助之責。務使僑資安全問題，求得適當之解決。

二、由外交部交涉取消僑匯限額

說明：

各國對於華僑匯款，多有限額，平時已覺其縛束，而在戰時僑資之移動，尤感困難。今我民主國家，共同作戰，對付同一敵人，則民主國家間之經濟自應獲得適當之調整，故僑匯限額，宜迅由外交上從事交涉，務求取消或獲得滿意解決。

乙　流通華僑贍家匯款

一、指定統籌僑匯總機關

說明：

1‧郵政儲金匯業總局辦理僑匯，已具規模，國外聯號遍佈，國內投遞暢通，在此緊急時期，足勝統辦僑匯之任。此外中國銀行及交通銀行國

內外均有分支行多處，亦足為辦理僑滙之總機
關，為謀統籌辦理增強效率起見，似宜指定一
機關，統辦僑滙。如由各行局共設聯合辦事
處，以資密接聯繫，統一指揮，亦屬可行。

2．統籌僑滙總機關，經指定後，即迅速從事與海
外各地銀行銀號聯繫，辦理僑滙。

二、舉辦電滙受款人登記
說明：

查平時瞻家僑滙金額少而戶數繁，在海上交通受阻
以後，若俱以電報發滙，每月無慮數十萬通，不但
電費浩繁，抑亦為電機工作能力所不許，故為減少
用字及省費迅速起見，除航空寄滙外，特擬訂舉辦
電滙受款人住址登記，辦法如左：

1．各地使領館通告僑民，凡欲電滙家款者，不論
現在滙寄或將來滙寄，一律先到各地使領館登記
寄款人及受款人姓名住址，此項登記一律免費。

2．由政府指定僑滙總機關後，將海外各地使領館
編訂電碼號首，各地同時舉辦登記，發給僑民
電滙號碼登記證。

3．各地使領館辦理登記後，即將登記表抄送一份
於當地承滙銀行（由僑滙總機關指定），並即
用最迅速方法，每週將電滙登記號碼列表送達
國內辦理僑匯總機關備案。

4．以後僑民向國內寄匯家款，祇須將號碼及銀數
拍電僑匯總機關，即可照原登記地址送款（例
如星加坡總領事館為 A 號首，僑民電匯登記

　　　　號碼為第五十號，其家屬為某地某甲，經登記
　　　　後，以後電匯，祇須將電匯登記號碼 A50 及數
　　　　額兩字拍發國內機關，即可按址送款）。

丙　保護僑產辦法

一、由外交部分電各地使領館保護華僑產業

說明：

　　1‧對於動產之保護：僑民以現金購進外匯，除限
　　　　額上及匯兌上已在甲項辦法訂定外，為對於攜
　　　　帶資金出境者，應分別向當地政府交涉，予以
　　　　通融及保護。

　　2‧對於不動產之保護：依緊急時期護僑綱要第七
　　　　條之規定「凡僑民移居時，其無法移動之資產
　　　　應向本國使領館登記，由政府統籌有效保護辦
　　　　法。」今太平洋大戰已告爆發，我僑民中不少
　　　　熱心愛國而觸忌於敵人之份子，此等份子一遇
　　　　地方淪陷，其財產之喪失堪虞，我外交當局應
　　　　即通令各地使領館速謀與中立國政府或私人商
　　　　洽委託代管之方法，並僑民中或事先自行商妥
　　　　可靠之人，而從事秘密轉移者，使領館並應負
　　　　責協助之。

僑資內匯案問題案討論紀錄

日期：三十一年一月十六日下午三時

地點：外交部會議室

出席人：陳述曾（郵政儲匯局）

　　　　高昌百（中國銀行）

周演明（僑委會）

溫銓基（僑委會）

田保生

葛師良（交通）

任定前（交通）

楊慶春（財政部）

吳興周（外滙委員會）

梁龍

郭景琨（中央銀行）

吳強華

主席：梁司長

記錄：吳強華

主席報告：

　　自太平洋戰事爆發以來，南洋華僑滙款問題突形嚴重。查海外各地華僑滙款國內，每年達國幣十萬萬元以上，關係外滙收入殊為重大。一月以來，南洋各地先後成為戰區。查南洋華僑眾多，總數在一千萬以上，財產亦非少數，茲為暢通僑匯及搶救僑資起見，今日特召集此會職，商討一具體方案與辦法，以資進行。

決議事項：

1・由財政部及中央銀行繼續推行僑滙集中中央銀行及其代理行之原則，並由外交部協助之。

2・國外承辦僑匯機關應與各處民信局加強聯繫，由財政部及中央銀行電知各代理行注意辦理。

3・電滙受款人住址登記辦法，一面由中央銀行、中國銀行、交通銀行及郵滙局與海外各分行局

先行試辦，一面由外交部電令各領館轉告僑民
前往登記。

4．由財政部及中央銀行電令其海外各代理行儘量
接受僑民滙款，即使當地情勢危急，亦不應任
予拒絕。

5．由外交部向各國交涉取消或提高當地政府對僑
捐及私人滙款所加之限額；至滙款申請手續方
面，務求簡便。

6．僑捐如數額過多，一時無法滙出時，由財政部
將逾額款項先撥為駐外機關經費或振濟費用。

7．因戰事關係僑民須滙出大筆款項時，應由外
交部向當地政府交涉給予特別批准書（Special
Permits），准許全數滙出。

外交部致駐英荷公使館電

民國三十一年一月二十二日

駐英大使館、駐荷金公使：南洋戰事日益擴大，華僑資
金亟待搶救移轉。目前中、英、荷已聯合作戰，馬來
亞、緬甸、印度、澳洲、南菲、荷印政府聯邦、紐西
蘭、模里西斯店埠等地政府對華僑捐款及私人滙款之每
月限額，應予取銷或提高，滙寄手續務求簡便。又僑民
因撤退疏散或其他戰事關係須特別滙款出境時，應給予
特許證。以上各項希即向英政府、荷政府交涉轉電各當
地政府切實照辦，並盼電復。外交部。

外交部致駐澳公使館等電

民國三十一年一月二十二日

駐澳公使館、駐仰光總領事館、駐加爾各答領事館、駐惠靈頓領事館、駐約翰尼斯堡領事館：關於搶救僑資辦法，現會同各機關議決辦法如左：（一）僑捐及私人滙款之每月限額取銷或提高，並將申請滙款手續簡便化。又僑民因撤退，或戰事關係，須特別滙款出境時，應給予特別批准，仰即向當地政府交涉辦理。（二）為省電費起見，由中、交等行及郵滙局舉辦僑民電滙國內受款人住址登記，仰通告僑民知照，仍將辦理情形具報。外交部。

外交部致駐新嘉坡總領事館等電

民國三十一年一月二十二日

駐新嘉坡總領事館、駐巴達維亞總領事館：關於搶救僑資辦法，現會同各機關議決如左：（一）僑捐及私人滙款之每月限額取銷或提高，並將申請滙款手續簡便化。又僑民因撤退或戰事關係須特別滙款出境時，應給予特別批准，仰即向當地政府交涉辦理。（二）為省電費起見，由中交等行及郵滙局舉辦僑民電滙國內受款人住址登記，仰通告僑民知照，並轉知轄屬各館，仍將辦理情形具報。外交部。

外交部令駐北、中、南美各使領館訓令

民國三十一年十月十五日

查自太平洋戰事發生，香港淪陷後，關於華僑滙款回國

辦法，迭經政府統籌計劃。北、中、南美洲各地僑民滙款均集於紐約中國銀行，代為轉滙國內各地，惟因海上交通梗阻，勢須以電報發滙。而僑民每月滙款回國者，無慮數十萬通，不僅電費浩繁，抑亦為電機工作能力所不許。故特舉辦電滙受款人登記辦法，該項辦法重要各點略述如下：（一）登記包括北、中、南美洲各國華僑。（二）各地有我國使領館者，華僑可向當地使領館登記，如無使領館則可直接向紐約中行通信登記。（三）關於登記辦法，先由僑胞填寫登記申請者，註明本人姓名住址，受款人姓名住址及彼此間關係，此項申請書如係向領事館登記者，應由領事館彙寄紐約中行集中編訂號碼。再由紐約中行用卡德式登記，每人一套，每套五張，每張照抄申請書上姓名及號碼，五張中一張寄還華僑保存，其餘四張另由紐約中行按號編電碼，以兩張寄交重慶中國銀行，兩張留存紐約中行，重慶中行收到該項卡德後即可實行電滙，每筆電滙可僅用號碼一字及滙款數目，國內便能按址照解。（四）個人及商店准予登記三個號碼，對於救國團體及慈善機關不加限制。（五）在六個月限期內登記一律免費，逾期則斟酌情形略收郵電費。復查該項辦法內使用密電碼一節，業經美國政府正式允准，故即可開始實行，其業經登記之滙款人，可委託紐約中國銀行按該辦法電滙國內解款。其未登記之僑民，可逕向旅居地我國使領館登記，或向紐約中行通信登記，以資滙款便捷，除分電外，合行電仰轉飭各僑民一體遵照，並將辦理情形具報。外交部。卌。

四　防止日本侵奪僑滙

財政部快郵代電

民國三十二年八月九日

外交部公鑒：奉軍事委員會蔣委員長三十二年六月二十六日己迴侍秦字□□□□□□□□，據報敵方對於華僑滙款，擬由大使館集中滙往駐華總領事館或領事館。由總領事館監督辦理之，如此方可防止流入華區。又越南及南洋各地之華僑滙款，亦擬準此辦理等情，希注意等因到部。經部詳加查核，以自太平洋戰事發生後，本部為保障僑資安全起見，關於僑滙及僑資內移問題，即經由部與有關各機關會商辦法，分別辦理。並由部督飭中國銀行努力吸收，推行電滙收款人登記辦法，以便僑滙在案。至軸心國佔領地方及南洋淪陷各地居住之僑胞，自係受當地敵寇之控制，此項僑滙一時似尚無法爭取。惟為抵制日敵侵奪僑滙之陰謀計，遵擬防止辦法如次：（一）擬再請海外部、僑務委員會及外交部轉知僑胞，凡滙款回國者，應交由中央銀行指定辦理僑滙之中國銀行或其委託代理□□□理。如在軸心各國佔領地居留之僑胞，即由當地工作人員勸導將資金先行密移至同盟國家地方，再行滙回國內。（二）凡華僑自軸心國佔領地方轉滙國內之款，中國銀行□□□□以便利。（三）責由中國銀行與各地民信局密切聯繫，□□軸心國佔領地方之僑滙，即由該行委託民信局辦理，□□□粵閩省政府轉飭各該省銀行在國內□□□□□□□□及機構以溝通內地滙兌，並由中國銀行□□□□□既訂合約，使僑滙送達普及於鄉村

□□□□□□□□。查上述辦法第（一）項轉知僑胞，凡滙□□□□□□□中央銀行指定辦理僑滙之中國銀行或其委託代理□□□□□□，應請部轉飭所屬分行知照，除電復並□□□□□□□□照辦理，並見復為荷。財政部渝錢特。

（編註：原件多為大印掩蓋，多處無法辨認）

外交部致駐外各使領館代電

民國三十二年八月十四日

駐外各使領館覽：准財政部渝錢特第八八八一一號代電，以敵方侵奪僑滙，擬訂防止辦法四項，囑將第一項辦法查照辦理見復等由，合亟抄同原件，令仰遵照縝密辦理，並將辦理情形具報為要。外交部。

附一件

財政部公鑒：准貴部渝錢特第八八八一一號代電，以敵方侵奪僑滙擬訂防止辦法四項，囑將第一項辦法查照辦理見復等由，除通令駐外各使領館遵照辦理具報外，相應復請查照為荷。外交部。

外交部致財政部代電

民國三十二年九月二十七日

財政部公鑒：密。關於敵方侵奪僑滙擬訂防止辦法四項，囑將第一項辦法查照辦理事，渝錢特字第八八八一一號代電敬悉，當經本部通令駐外各使領館遵辦具報，並以歐 32 字第四六八三號代電復請查照各在案。茲據駐河內總領事館呈復到部，相應抄同原代電乙件電請查照為

荷。外交部（感）。

附駐河內總領事館代電

民國三十二年九月十三日收到

外交部鈞鑒：卅二年八月十四日歐 32 字第四六八三號代電敬悉。查自敵越規定華僑滙款歸國實施綱要後（經本館於去年四月十二日以高臨字第四八八號代電詳呈在案），敵即積極勸誘僑胞滙款至淪陷區，以期奪取僑滙。但因敵越所定滙率太低，而且必須外滙局批准，手續極為麻煩，一般僑胞均不願聲請代滙。本館有鑒於斯，特向各地幫長秘密勸導，如有滙款回國，最好先將越幣偷帶回國，再由銀行或郵局滙返家鄉。至於在國內求學之學生，本館亦積極曉諭其家長，如有滙款儘可交由本館設法代滙，以免損失，經過此項策動後，一般僑滙莫不先將越幣偷帶至河口、東興、龍州、靖西等地再換國幣轉滙家鄉，已有相當成效。奉電後，除再遵照辦法積極秘密勸導僑胞遵辦外，理合備文呈復鑒核。駐河內總領事館叩。虞。

駐火奴魯魯總領事呈外交部文

民國三十二年十二月二十三日

奉三十二年八月十四日歐 32 第四六八三號。代電內開：「准財政部渝錢特第八八八一一號代電，以敵方侵奪僑滙，擬訂防止辦法四項，囑將第一項辦法查照辦理見復等由，合亟抄同原件令仰遵照縝密辦理，並將辦理情形具報為要。」等因，並附抄件。奉此，查檀山華僑

自戰事發生後，所有滙款均寄由紐約中國銀行轉行駁滙，其由僑胞轉請本館代為寄滙之捐獻及儲蓄各款，亦概由滙款人在本埠各銀行購買滙票後交到本館，寄交紐約中國銀行收轉，自戰後迄今均照此辦理。理合將檀僑滙款情形具文呈復，敬祈察核！謹呈部、次長。

駐火奴魯魯總領事　梅景周

外交部致財政部代電

民國三十三年二月十二日

代電。財政部公鑒：密。關於防止敵方侵奪僑滙事，茲續據駐火奴魯魯總領事館上年十二月廿三日呈復稱：查檀山華僑自戰事發生後，所有滙款，均寄由紐約中國銀行駁滙，其由僑胞轉請本館代為寄滙之捐獻及儲蓄各款，亦概由滙款人在本埠各銀行購買滙票後，交到本館寄交紐約中國銀行收轉。自戰後迄今均照此辦理，等情。相應電請查照為荷。外交部。

五　救濟國外戰區僑胞辦法

國外戰區僑胞緊急救濟辦法大綱

1・救濟之對象：

　甲　在海外之僑胞

　　　（子）現已發生戰事地域之僑民。

　　　（丑）將來可能發生戰事地域之僑民。

　乙　歸國僑胞及原在國內之僑屬。

　　　（子）因戰事發生後遷避國內者。

　　一、其原籍業已淪陷或接近戰區者。

二、其原籍尚可安居者。

（丑）原在國內之僑屬。

一、專恃僑滙維生者。

二、目前生活雖尚勉可維持，但仍待扶助者。

2・救濟辦法：

甲　對於在海外之僑胞——無論居留地域已否發生戰事，均應統籌兼顧為救濟之實施或準備。

（子）機構：以儘量利用原有機構為原則

一、國內辦理機構：由振濟委員會會同外交部、教育部、僑務委員會等有關機關，就本事件成立臨時性聯合辦事機構，並請中央秘書處及海外部參加，務求指揮上之統一。

二、國外執行機關

1. 戰事發生區域或將發生戰事區域，應委託駐外各使領館，召集所在地黨部及籌振團體並其他僑團代表會商組織振濟機構，與所在地政府取得密切聯繫。

2. 受敵控制區域之救濟應委託國際慈善團體辦理。

（丑）救濟費

一、請國庫撥發。

二、利用各地僑胞原來對於救濟事業之捐款，尚未滙入國庫者。

（寅）工作

一、在現已發生戰事區域之工作

1. 僑胞之願歸國者設法予以協助。

2. 滯留當地因戰事影響失業而無力維生者，應設法勸導回國，或予以貸款及一次或定期之救濟。其所在地政府或國際慈善人士，已定有救濟辦法者，應代為接洽。

3. 對於滯留海外僑胞與其國內眷屬之信息交通，應儘量設法予以便利或協助。

4. 所在地政府令飭停辦之學校，其失業失學員生，應設法或內移安置，使其繼續教學。

二、在可能發生戰事區域之工作

1. 舉辦調查。

2. 指示準備救濟工作。

3. 僑胞及學校教職員學生之願歸國者，設法予以協助。

乙　對於歸國僑胞及原在國內僑屬之救濟

（子）辦理機構：儘量利用各省省黨部、僑務處及省市縣各振濟會暨振濟委員會救濟區站與各省政府密切聯絡，並洽商指定負責機關以專責成。

（丑）救濟費：請國庫撥款。

（寅）工作：

一、在重要口岸或其附近地點派員照料招待及指導。

二、舉辦回國僑胞及在國內僑屬調查登記。

三、舉辦貸款及獎助經營工商業。

四、舉辦職業介紹。

五、核發臨時救濟費（包括僑屬依僑滙維生或
　　求學者）。

六、資送回籍回國僑胞，予以短期招待後，應
　　斟酌情形，資送回籍，其原籍業已淪陷或
　　接近戰區者，設法移送安全地域。

七、對於勉可維持生活之僑屬，予以適當之
　　扶助。

第三節　敵國人民財產之處理

一　對在華日僑及其產業的處置

外交部董道寧呈本部報告

民國二十六年七月二十一日

本日十二時日使館福井秘書來稱，近因時局緊張，一部
分在華日僑，現已離開其僑居地方，請轉飭地方當局負
責保管日僑財產。（但並非由日使館命令日僑退出）。
道寧答稱，現在時局雖日呈緊張，然我方對於日僑之安
全，仍當盡力保護。惟負責保管日僑財產一層，事實上
頗感困難，容將尊意報告長官。談至此，道寧順便詢以
川越大使何時來京，福井答稱，尚未聞悉。所有談話情
形，理合陳明，敬請鈞閱。

職董道寧　謹呈

外交部亞洲司呈本部文

民國二十六年七月二十三日

關於在華日僑自動離去僑居地方,所有遺留財產,日方要求本部轉飭地方當局,負責保管一事。查國際慣例,所在國政府對外僑財產,僅負適當保護責任,並無代管義務。此次日僑自動撤退,所有遺留財產,儘可自行委人代管,或由當地日領派人代管,絕無責諸我國地方當局負責保管之理。復查民國二十年東省事變時,成都、重慶兩地日僑撤退成例,所遺財產亦僅由我方予以適當保護。並無負責代管情事。故此次日方要求,似應據理駁復,並由本部分咨各有關省市政府,如遇當地日僑撤退要求負責保管財產情事,應即依照上述旨,予以拒絕,但應通飭軍警,對於所遺財產,加以適當保護。所擬是否有當,敬祈鈞裁。

外交部董道寧呈本部報告

民國二十六年七月二十五日

關於日方要求我地方當局負責保管日僑財產事,道寧奉派於本月廿四日午後六時十五分,至日使館會晤福井秘書,作下述之說明:「關於貴國僑民自動離開僑居地方,所有遺留財產,要求我方負責保管一事,依照國際慣例,我國政府對貴國僑民財產,僅負適當保護責任,並無代管義務。此次貴國僑民自動撤退,遺留財產,儘可自行委人代管,或由當地日領派人代管,絕無要求我方負責保管之理。」福井答稱:「尊意已經明悉。」所有會晤經過,理合陳報,敬祈鈞閱。

職董道寧　謹呈

外交部致各省政府等函

民國二十六年八月五日

江西、四川、浙江、福建、廣東、河北、山東、河南、江蘇、安徽、廣西、雲南、湖南省政府勛鑒，上海、青島、廣州、南京市政府勛鑒，威海衛專員公署鑒：密。日來在華日領日僑紛紛自動撤退，關於日僑遺留財產，應令其於撤退前自行委人保管，我地方官署僅負適當保護責任。至日領館房屋及公用物品，如商我方代管，可允其請，惟須點收清楚，以免糾葛，但我方亦祇負善良管理人注意之責。除分電各省市政府暨威海衛專員公署外，相應電請轉飭有關地方官署，妥慎辦理，並希將辦理情形隨時電告為荷。外交部。微。

外交部致日本大使館節略

民國二十六年八月八日

查近來在中國各地日領日僑，紛紛自動撤退，關於日僑遺留財產，應於撤退前自行委人保管，地方官廳僅能負適當保護責任。至日領館房屋及公用物品如欲商請中國官廳代管，須一一點交清楚，開單存案，藉免將來繆轕，但中國方面亦祇負善良管理人注意之責。應請日本大使館迅予分別轉飭知照為荷。合即略達。

日本駐華大使館節略

民國二十六年八月十三日

外第四一號。逕啟者：關於帝國領事官及日僑所撤退地方之帝國領事館房屋與公用品之保護管理，以及日僑遺

留財產之保護，八月八日之節略業已閱悉。帝國領事官
及日僑業經撤退之地方，諒貴國已所知悉。在此等地
方，帝國領事官想已與貴國地方官憲間有所接洽。至於
今後行將撤退地方之日僑遺留財產，事前有已委託他人
管理者，亦有因故不得委託他人管理者。關於該項遺留
財產保護之具體方法，務希各該地方中日官憲間詳細磋
商，在任何情形之下由貴國官廳負責予以充分保護。又
關於領事館之房屋及公用品之管理保護，其具體方法
亦望各該地中日官憲間妥為接洽，而由貴國官廳負責
予以充分保護，特此函復，即希查照。此致日本帝國
大使館。

昭和十二年八月十三日

二　敵國人民及財產處理條例

行政院訓令

民國三十一年一月七日

令外交部。奉國民政府三十一年一月一日訓令開：查
敵國人民處理條例及敵產處理條例，現經制定，明令
公布，應即通飭施行，除分令外，合行抄發各該條
例，令仰知照，並轉飭所屬一體知照。此令。」等
因。除分令外，合行抄發各該條例，令仰知照，並轉
飭所屬一體知照。此令。計抄發敵國人民處理條例及
敵產處理條例各乙份。

院長　蔣中正

敵國人民處理條例

三十一年一月一日公布

第一條　居留中華民國領域內之敵國人民，除照公約
　　　　規定外，依本條例處理之。

第二條　敵國人民應予集中收容，但遇有特殊情形，
　　　　經內政、外交兩部核准，得免予收容，准其
　　　　繼續居留或退出國境。

第三條　敵國人民應受檢查。前項檢查辦法，由行政
　　　　院定之。

第四條　敵國人民有左列各款情事之一者，應送由軍
　　　　法機關依法處理。
　　　　一、偵察軍情者。
　　　　二、有幫助敵軍之企圖或行動者。
　　　　三、有敵對抗拒行為者。

第五條　地方官署應自奉到本條例之日起，於五日內
　　　　通知該管境內之敵國人民辦理登記手續。前
　　　　項登記辦法，由行政院定之。

第六條　敵國人民應自接到前條通知之日起，於五日
　　　　內，將姓名、性別、年歲、職業、國籍、住
　　　　所，報明該管地方官署予以登記，並將原持有
　　　　之護照呈繳，如攜有軍器及其他可供軍用之物
　　　　品圖書者，應開單報明，聽候轉請檢查扣押，
　　　　逾期不照辦者，得予以強制處分。旅行中之敵
　　　　國人民應於接到地方官署通知之日，停止旅
　　　　行，依前項規定，在當地辦理登記手續。

第七條　地方官署於敵國人民登記後，應分別擬具處理

辦法，開單呈報上級官署轉報內政、外交兩部核准備案。對於應予集中收容及免予收容准其繼續居留之敵國人民，應給予登記執照，登記執照應載明該敵國人民姓名、性別、年歲、職業、國籍及原住所，其式樣由行政院定之。

第八條　免予收容准其繼續居留之敵國人民，應於第一次登記後，每十日重行登記一次。

第九條　前條敵國人民，應由該管地方官署妥為保護，嚴密監視，往來郵電應受檢查，出入人等應受查詢。

第十條　應予集中收容之敵國人民，應於登記後五日內由該管地方官署送交敵國人民收容所。

第十一條　內政部應就防護管理便利之地方，設敵國人民收容所一處或數處，收容敵國人民，派員處理。敵國人民收容所管理章程由行政院定之。

第十二條　凡雇用之敵國技術人員，應予解雇，送交敵國人民收容所。但雇方如遇有特殊情形，認為其人確屬忠實可靠，且有留用之必要時，得報請內政、外交兩部核辦，經核准留用時，免予收容，應由雇方負責監視。

第十三條　免予收容准其繼續居留之敵國國籍天主教士，應集中於指定適當地方之天主教堂，在該管地方官署保護監視下繼續傳教。免予收容准其繼續居留之敵國國籍耶穌教士，應集中於中國人主辦之耶穌教堂。在該管地方官

署保護監視下繼續傳教。前二項教士集中及
保護監視辦法，由行政院定之。

第十四條　免予收容准其繼續居留之敵國人民，不得移
居。但遇有特殊情形，得呈請該管地方官署
准許其移居。地方官署核准移居後，應報請
內政、外交兩部備案。前項移居辦法由行政
院定之。

第十五條　退出國境之敵國人民，應經該管地方官署轉
請內政、外交兩部核准後，發給護照，並指
定行經路線。

第十六條　地方官署對於退出國境之敵國人民，沿途
應妥為監護遞送，於行出轄境及國境時，
應向該敵國人民取具平安出境字據，各由
該管官署轉報內政、外交兩部。

第十七條　在本條例施行前，關於韓、臺、琉僑之登
記另有規定者，仍適用之。

第十八條　本條例自公佈日施行。

敵產處理條例

民國三十一年一月一日公佈

第一條　敵國公有及敵國人民私有財產，依本條例處
理之。

第二條　敵國公有及敵國人民私有財產，均應舉行登
記。前項登記辦法，由行政院定之。

第三條　敵國公有之不動產可供軍用者，得扣押使用或
沒收之。但教堂、學校、病院、美術館、歷史

> 紀念物、圖書館、藝術館及其珍藏品等,應妥
> 為管理,不得轉讓或毀壞。

第四條　敵國公有運輸機械船、車、軍火、糧食及其他
　　　　可供軍用之動產,得扣押使用或沒收之。但與
　　　　中立國地方相連之電線等,非必要時,不得扣
　　　　押或毀壞。

第五條　敵國公有現款基金有價證券及其為國家而課之
　　　　稅項,得扣押或沒收之,其稅項依現行租稅徵
　　　　收辦法辦理。但該地必要行政費仍應支出。

第六條　敵國公有及敵國人民私有森林、礦產、農墾及
　　　　其他不可充軍用之不動產,得管理之。其屬於
　　　　公有者,並得收取其收益。

第七條　敵國人民私有財產,應予尊重,其足以供敵國
　　　　攻守上之用者,得扣押或阻其移動。但因軍略
　　　　上之必要時,得破壞之。其私有不動產可供軍
　　　　用者,得扣押使用之。

第八條　中華民國人民管理或占有屬於敵國人民之財
　　　　產,或與敵國人民有債權債務關係者,應於一
　　　　個月內向該管地方官署登記。公司及商號之有
　　　　敵國人民股本者亦同。

第九條　免予收容准其繼續居留之敵國人民,得自行管
　　　　理其財產。但應由該管地方官署予以監視。奉
　　　　准移居之敵國人民,其財產得呈准該管地方官
　　　　署委託中國人民代為管理。

第十條　送入收容所或退出國境之敵國人民,其財產應
　　　　由該管地方官署予以管理,必要時並應予以清

理。前項管理及清理辦法由行政院定之。

第十一條　對於敵國公有及敵國人民私有之債權，得停付其本息。

第十二條　關於敵產之處理，應設立敵產處理委員會。其組織規程由行政院定之。

第十三條　本條例未規定事項，依國際慣例辦理。

第十四條　本條例自公佈日施行。

第四節　保護外僑

一　保護各國在華僑民

外交部歐美司致美大使館函

民國二十六年八月十八日

奉交貴大使本年八月十六日致本部部長函，以牯嶺為美僑及婦孺集中避難之所，請予設法保護等由。准此。除轉達軍事委員會予以注意外，相應函復，即希查照為荷，順頌日祉。

外交部歐美司　啟

外交部致陸海空軍大本營公函

民國二十六年八月二十日

准美大使照稱：牯嶺在現時及以後若干時期內，係美僑及婦孺集中避難之所，本大使深信牯嶺並非軍事中心，曾勸告美僑仍留該處。請轉告軍事當局予以注意設法保護，並避免在該處足以引起戰事之一切動作等由，准此。除復以牯嶺外僑，政府自當保護，但該處遇有外來

襲擊仍當採取自衛措置等語外，相應函請查照辦理，並
見復為荷。此致陸海空軍大本營。外交部。

外交部致陸海空軍大本營代電

民國二十六年八月十八日

陸海空軍大本營公鑒頃准英國大使照會內開關：於英國
婦孺及年老者決定自上海撤退至香港一事，貴部長當已
洞悉，其一部份人員已於昨日搭乘 Rajputana 號郵船出
發，其餘部份一俟船隻定妥，即行啟程。茲奉本國外務
大臣訓令，飭將上述意旨轉達貴部長查照，英國政府信
賴中國政府將盡力使英僑得以安全退出，至於撤退之詳
細辦法，現正在上海商辦中，並與中國地方當局商洽辦
理等由。除已電上海俞市長外，特電查照轉令前方陸空
軍官長接洽，並對上海他國僑民之撤退，一併予以注意
為荷。外交部。

外交部致駐華各使館節略

民國二十六年九月十九日

外交部據准主管機關來文，以各國僑民在中國境內往返
移動，中國政府在可能範圍以內，自應極力設法，予以
適當應有之保護。惟值此非常時期，各種聯絡方法，有
時難免不發生困難。嗣後如遇有各國僑民移動事件發
生，須轉知有關各機關予以保護或便利者，務請至少於
三日以前通知。請轉行查照等由。合即略達。

二 處理各戰區外僑辦法原則
國民政府軍事委員會快郵代電

民國二十七年四月二十九日

外交部王部長勛鑒：查各戰區中居住之外僑亟應規定處理方法，以資保護，而免糾紛。茲經訂定處理各戰區外僑辦法原則四項。查該原則第一、第二、第四等項所訂辦法原則應由外交部通知各國駐華使館分別查照辦理，除通令各省省府及各戰區司令長官，對該原則關係條項分別遵照辦理，並分行各關係機關一體知照外，特檢同該原則一分，希照辦具報為要。中正。勘辦四鄂印。附鈔件一分。

附處理各戰區外僑辦法原則

查在各戰區中居住之外僑，迭經各國駐華使節來函要請保護，雖迭次據電該管司令長官飭屬注意，然為免除糾紛，便利保護，並杜絕弊端，特訂定原則如下：

一、 為免除各國僑民遭遇危險起見，在戰事進行中之各戰區，由外交部通知各使館令其一律退出，並由軍事委員會令飭各省市政府，調查轄境內現有外僑人數、姓名、職業、國籍及居留地點各項，報會備查。

二、 各國僑民如自願繼續居留，各該僑民一面應報告當地政府，以便當地軍政機關在可能範圍內予以協助並保護，至必要時仍由地方政府通知其退出。一面應自行報告該國駐我國使館轉達外交部備查。但因上項情形遭受危險時，我國自難負責。

三、 無國籍外僑如白俄等，應令飭各戰區司令長官轉令

　　各地方政府，詳細查明，一律令其退出，必要時並
　　得押送出境。

四、各國僑民退出後所遺留之財產在我國政府權力所及
　　之時，自當盡力保護。若形勢變更或不可抗力時，
　　仍當設法避免不必要之損害，但卒至損失，我方自
　　難負責。

三　保護外僑產業

外交部致駐華英大使館節略

民國二十六年八月二十日

外交部接准駐華英大使館八月十七日略送南京地圖四
份，標註英僑產業所在地及所居住之處，請轉致陸海空
軍當局並請令飭各部隊保證在南京附近一帶，於軍事進
行中，對於英僑產業及住宅，特加注意，以免發生損害
等由，准此。當已轉達軍事當局查照轉飭各關係當局注
意矣。惟外交部於此不得不指明者，即雖中國當局對於
旅京英僑財產及住宅準備隨時予以適合情勢之防衛，但
對於肆意攻擊破壞首都安全者，英大使館尤應促其注
意。合即略達。

外交部致陸海空軍大本營公函

民國二十六年八月二十日

准駐華英大使館略送南京地圖四份，其以藍色標註之
處，係屬英人在南京城內及在南京附近所執有產業之所
在地，暨目下英僑所居住之處所，應請轉致貴國陸海空
軍當局，並請其令飭各部隊保證在南京附近一帶，於軍

事進行中，對於英僑產業或其住宅特加注意以免發生損害等由，准此。除將原送地圖留部一份，並復以中國當局對於旅京英僑財產及住宅準備隨時予以適合情勢之防衛，但對於肆意攻擊破壞首都安全者，英大使館尤應促其注意外，相應檢同其餘地圖三份函請查照辦理，並見復為荷。此致陸海空軍大本營。外交部。

外交部致英美大使館函

民國二十九年七月九日

外交部茲向英、美國大使館致意並聲述：關於避免宜昌英、美僑財產被誤炸事，六月廿九日劉司長致柏美德參事函計達業經王部長於七月四日照覆詹森大使在案。航空委員會茲欲明瞭各友邦在宜昌之船隻及產業之詳細位置。相應略請迅予轉飭繪送地圖，標明英、美國僑民在宜昌之財產，以便轉行核辦為荷。

外交部致德比義法等國大使館函

民國二十九年七月九日

外交部茲向德、義、比、法國大使館致意並聲述：宜昌現已成為中、日兩軍戰鬥地區，航空委員會茲欲明瞭各友邦在該地區內之船隻及產業等詳細位置，相應略請迅予轉飭繪送地圖，標明德、義、比、法國僑民在宜昌之財產，以便轉行核辦為荷。

四 救助英美僑民

外交部致美駐華大使館函

民國三十年十二月二十五日

逕啟者：據報：上海美副參贊卑率同士畢立希、利未申、
希馬特、安得生、威林、斯麥、當露、馬瑞棠等九人
（各人英文原名不悉）於十二月十一日由虹橋高爾夫球
場轉入游擊區。特為轉達，希即查照為荷，順頌日祉。

美大使高思致外交部照會（譯文）

民國三十一年一月二日

逕啟者：接准上年十二月二十五日來函，以有美僑數人
已由上海逃出，荷承見告，無任感紉。相應照復查照。
本大使順向貴兼理部長重表敬意。此致中華民國行政院
長兼理外交部長蔣閣下。

高思

一九四二年一月二日

外交部致美國大使館節略

民國三十一年二月七日

外交部茲向美國大使館致意並聲述：關於據報美僑九人
自滬轉入游擊區事，接准一月二十三日來文，請將該美
僑等現在蹤跡及其英文原名查明見示等由。經轉行有關
機關設法探查去後，現准復稱：關於此事，於一月一日
曾續據報：該美副領事卑林（前次報告係稱美副參贊
卑）等九人因不能忍受途中困難，業於上年十二月十一
日折回上海，向敵方登記。至於該美僑等英文原名，以

原報告係根據游擊區發來華文電報，現該美僑等又已折
回上海，一時無從查明等由，相應復請查照為荷。

河南省政府洛陽來電

民國三十一年一月七日

重慶外交部。據第五區專員李國衛電稱：「英、美僑民
近因太平洋戰事發生，接濟斷絕，生活頓感困難，據稱
已向各該國駐華領館請款，迄未得復。惟查英、美為我
同盟國家，各僑民駐在地，自應極力維護，用篤邦交，
倘因生計發生問題，應如何維護？請示等情。」請查核
電復為荷。河南省政府。子虞民三洛。

外交部歐洲司梁司長會晤英大使館艾倫秘書談話紀錄

時間：民國三十一年元月十日上午十時
地點：本部會客室
事由：救濟河南英僑事
梁司長謂據河南省政府電報，近因太平洋之戰，該省若
干英僑生活困難，據稱已向英領館請款，迄未奉復，應
如何辦理，中國政府願盡力協助云云。
艾倫秘書答謂：尚未據河南英僑申請救濟，惟英國政府
現已撥有救濟專款，由英大使處置，容當可以收到。刻
下擬請我方通知各該僑速向使館辦理申請手續，並盼我
方查明急待救濟者之姓名、住址，分別復知，一面由河
南當局先行酌予救濟墊款，再行奉還。梁司長允即電河
南省政府照辦，並詢明墊款滙還之辦法。

外交部致英國大使館函

民國三十一年五月十一日

外交部茲向英國大使館致意並聲述：據悉，平準基金委員會秘書英人邱茉莉 Lady Cholmeley 及海關職員英人胡禮德君 Mr.Wright 已由香港敵人集中營逃出，自撐小舟，飄流至澳門。當由廣東省政府駐澳門指導處，換僱木船，安全送抵開平，再護送赴肇慶，即經桂林轉渝。邱茉莉並謂：日軍在東經一一三度四一分四五秒，北緯二二度一分一五秒之銅澹島建築空軍根據地等語。相應略達，即請查照為荷。

英國大使館來函

民國三十一年六月十五日

接准本月六日歐 31，2905 號大函以平準基金委員會秘書英人邱茉莉君等，自香港敵人集中營逃出，沿途中國當局曾予以照料協助，並由振濟委員會第九救濟區墊付旅費兩千元等由，感紉之至。茲悉此事現由平準基金委員會辦理，相應函復。即希查照為荷。此致外交部。

英國大使館　啟　六、十五

外交部致英大使館節略

民國三十一年五月二十六日

外交部茲向英國大使館致意並聲述：據廣東省政府轉據儋縣（Tanhsien, Hainan Island）縣長報稱：佔據那大（Nodoa, Hainan Island）之敵軍，除拘禁美籍教士滏道珩等三名外，又拘禁汔臨高中塔之英籍教士嬋夫（Mr.

Y. E. Sond）一名，每星期僅發牛奶一瓶，惟尚得當地
人士設法秘密輸送食品，以延生命，情形慘痛，請予轉
報英、美領事設法營救等情。除已由廣東省政府電飭附
近各縣相機營救外，相應略請查照為荷。

英國大使館節略

　　　　　　　　　　　　　　　民國三十一年六月一日

英國大使館茲向外交部致意，接准本年五月二十九日來
略，以據海南島儋縣縣長報告關於英國教士被日人扣
留，並已由廣東省政府電飭附近各縣相機營救一案，業
經閱悉。英國大使館茲特向給予 Mr. Sond 協助之中國
政府及當地人民表示誠摯感謝，並已將 Mr. Sond 之情
況呈報英國外交部部長矣。相應略請查照為荷。

一九四二年六月一日

外交部呈行政院文

　　　　　　　　　　　　　　　民國三十一年四月九日

案奉鈞院三十一年三月二十七日順柒字第五四五四號
訓令略開：「據振濟委員會呈，對於友邦僑民，應否
一體隨時因人酌予救濟，請核示等情。除以『各同盟
友邦之人民，因戰事關係退入我國境，而無法維生，
確需救濟者，可一體隨時因人酌予救濟，並應轉報外
交部查考』等語，指令遵照外，合行令仰知照」等因；
除分函廣東、廣西、雲南、浙江、福建各省政府暨振
濟委員會查照，嗣後遇有救濟同盟友邦人民事實，務
請詳報本部以備查考而資交涉外，理合呈復，敬祈鑒

核為禱。謹呈行政院。

廣西省政府公函

民國三十一年六月八日

案准大部本年四月十三日歐 31 字第一七五五號公函，囑關於救濟同盟國友邦人民因戰事退入我國境者，可一體隨時因人酌予救濟，並詳報過部等由，自應照辦。茲經飭據本省緊急救僑委員會，呈自本年二月二十八日起至五月三十一日止，經辦救濟盟國人民撤退過桂人數，列冊報告到府，相應檢同原冊，函復查照為荷。此致外交部。

附送廣西省緊急救僑委員會經辦救濟盟國人民名冊一份。

主席　黃旭初

附廣西省緊急救僑委員會經辦救濟盟國人民名冊

（自三十一年二月廿八日起至五月三十一日止）

三十一年六月二日造報

姓名	國籍	略歷	贈送金額	贈送日期	介紹人	附記
薛路士基	波蘭	空軍	1,000	三月廿六日	簽奉常委核准	
倫士克奇	美國		500	四月廿八日		蒼梧招待所發給赴渝川資
米虞谷	美國	太左洋行工程師	2,000		九區	由九區先行墊支
多馬舍夫司基	蘇	花旗銀行職員	2,000	五月	九區	由九區先行墊支
艾瑞史	錫蘭	中國彈字總會職員	2,000	五月	自來請求	

姓名	國籍	略歷	贈送金額	贈送日期	介紹人	附記
晏路希南	英國		1,500	五月	林特派員	
考司脫	美國	上海跑馬廳職員	1,000	五月	九區	

外交部致英國大使館節略

民國三十一年九月二十四日

外交部茲向英國大使館致意並聲述：關於英國大使館派隨員石智益君前往粵、桂兩省，辦理救僑工作，並望與各該省振濟機關，時相接觸，配合進行事，六月四日復略計達。茲據主管機關送來所擬中、英協辦救僑工作之原則六條：即（一）允英方協助救濟由港退出之華僑及英僑。（二）英方所有救濟費，可全數交由振濟委員會第七、第九兩救濟區統籌辦理救僑事項。（三）英方可派二人分別參加第七、第九兩救濟區聯絡協助：於英方救濟費項下動支款項時，並應請英方代表蓋章監放。（四）英方交來之救濟費，全數存入中央銀行，並於第七、第九兩救濟區內另設獨立帳簿，辦理收支。（五）動用英方救濟費，救濟華、英僑民時，應由雙方負責人向銀行會同簽章提支。（六）中國原定之救僑辦法及英方所指定之救濟款，華、英雙方僑民均得享受，但英僑可按其身份酌予加倍撥發救濟費，以示優待英僑之意。除由振濟委員會與第七、第九兩救濟區權與石智益君商洽辦理外，相應略請查核辦理見復為荷。

第五節 封鎖敵區交通及取締偽鈔

一 封鎖敵區交通辦法

國民政府軍事委員會行政院代電

民國二十八年九月八日

外交部鑒：密。查封鎖敵區交通辦法，業經會同制定，應即通飭施行，除分電外，特鈔同該項辦法，電仰遵照，並轉飭所屬一體遵照。軍事委員會委員長蔣中正、行政院院長孔祥熙。齊。附抄發封鎖敵區交通辦法一份。

附封鎖敵區交通辦法

第一條 關於敵區交通之封鎖，除法令別有規定外，依本辦法行之。

第二條 本辦法所稱敵區，指已被敵人暴力控制之區域。所稱封鎖區，指與敵區接近之區域。所稱封鎖線，指敵區與封鎖區交界處所。

第三條 敵區交通之封鎖，以戰區為單位由戰區司令長官以命令行之，封鎖部隊，由戰區司令長官指定駐軍、警察、憲兵或地方團隊擔任之。敵區交通之封鎖，涉及兩個戰區以上管轄範圍者，應由各該戰區司令長官隨時密切聯繫。

第四條 關於人之往來通過，依左列之規定：

一、 公務人員除因必要任務，持有證明文件者外，禁止通過封鎖線。

二、 壯丁、技術人員、公務員眷屬及地方紳耆，不得進入敵區。

三、 一般人民祇准進入封鎖區，不准進入敵
區，但因收集或運入物產之商人，經主
管機關核准者，不在此限。

四、 陸、海、空軍軍人，游擊隊隊員及地方
團警，未隨部隊且無該管部隊長官通知
或證件，通過封鎖線者，得拒絕通行或
押送該管長官處理。

五、 公務人員或投誠偽軍代表必須進入封鎖
區，而因通過敵區，致無證件者，得准
通行，但須派人護送至目的地或相當地
點，並報告該地駐軍長官。

六、 投誠偽軍及未經核准之武裝團體，進入
封鎖區時，除特許者外，應先予解除武
裝，再派員押送至主管機關核辦。

七、 外國籍或無國籍人民或中外傳教士，除
經主管官署核准持有證明文件者外，禁
止通過封鎖線。

第五條 關於物資、金融及工廠之處置，依左列之
規定。

一、 本國物產，經經濟部依禁運資敵物品條
例指定禁運者，嚴禁運往敵區。

二、 經經濟部依查禁敵貨條例公告或指定之
敵貨，嚴禁運入封鎖區。

三、 敵國貨物假冒我國或第三國商標運入封
鎖區經查明屬實者，依查禁敵貨條例沒
收之。

四、 軍隊攜帶物品，除違背法令者外，准其
通過。

五、 封鎖區內之民營工廠（如麵粉廠、紡織
廠、電氣及交通工廠、五金、企業等），
依非常時期農鑛工商管理條例，應行遷移
而尚未遷移者，於必要時，得令遷移。
其不及遷移者，得破壞之。

六、 封鎖區內之物資（如燃料、飲料、糧食、
軍需品等），依非常時期農鑛工商管理
條例，應行分別處置，而未及處置者，於
必要時得予以統制、收買或令移置後方。

七、 擔帶生金銀或金銀器飾進入敵區者，一
經查獲，應予沒收，送由主管機關轉送
附近國家銀行或指定之收兌機關核收，
照緝獲私運例給獎。其由敵區攜出者，
應妥為保護，並照兌換法幣辦法，令向
附近收兌機關兌換法幣。

八、 攜帶或行使敵偽鈔券者，一經查獲，即
予沒收，送由主管機關轉送附近國家銀
行保管，轉報財政部處置。

第六條　關於郵電之檢查及交通工具之統制，依左列
之規定：

一、 由敵區發出及向敵區發出之郵件及電報，
應嚴行檢查，如發現可疑時，得沒收之。

二、 封鎖區內非經許可，不得私設電臺及類
似通信機構。

三、封鎖區內之民有車船及其他交通工具，應
　　分別調查登記統制，非經許可，不得向
　　敵區行駛。

四、前款之交通工具，必要時得予編組，隨
　　軍行動，以免資敵。

五、封鎖區內之公路鐵道及水道，於必要時
　　應斷絕交通或予以破壞阻塞，非經核
　　准，不得通行。

六、封鎖區內河流港灣，沿岸通陸路之交通要
　　點，如無法利用時，應實行嚴密封鎖。

第七條　關於封鎖詳細辦法，由戰區司令長官部另行
　　　　擬訂，呈報軍事委員會及行政院備案。

第八條　本辦法自核准之日施行。

外交部訓令

民國二十八年九月十九日

令所屬各機關。案奉軍事委員會行政院二十八年九月齊
日會院臺字第 6880、10347 號代電內開：「查封鎖敵區
交通辦法，業經會同制定，應即通飭施行。除分電外，
特抄同該項辦法，電仰遵照，並轉飭所屬一體遵照。」
等因；奉此，除分令外，合行抄發該辦法一份，令仰遵
照。此令。

計抄發封鎖敵區交通辦法一份。

二　照會各國駐華使館各國僑民不得通過豫省河氾區域

國民政府軍事委員會快郵代電

民國二十八年十月十四日

辦四渝字第○八九號。外交部王部長勛鑒：頃據第一戰區司令長官衛立煌儉戌機電稱：查豫境黃河及氾區早經嚴密封鎖，其無礙軍事渡口，雖可酌予開放，但對人貨往來，亦極有限制。乃近查外僑（大部為傳教士），有由滬、漢、平、津來豫，轉往後方各地，或由後方各地經豫，前往滬、漢、平、津各地，每向本部及河防部隊請求通過河氾封鎖線。本部為嚴密對敵封鎖及防止間諜計，自未便准予通過，擬請飭外交部通知各國使領轉知所屬僑民，嗣後如須來往上開各地，務由後方經港、滬繞道來往，一律不得通過河氾區域，以免妨礙軍事，當否？敬乞鑒核電遵等語，特電希照辦具復為盼。（渝）軍事委員會辦四字（二）印。

外交部致各國大使館節略

民國二十八年十月二十四日

外交部准軍事當局通知：以河南省境黃河及氾區早經嚴密封鎖，乃近查外僑（大部為傳教士）有由上海、漢口、北平、天津來河南，轉往後方各地，或由後方各地經河南省，前往上海、漢口、北平、天津各地，每向當地軍事當局請求通過河氾封鎖線。當地軍事當局為嚴密對敵封鎖及防止間諜計，自未便准予通過。擬請外交部

通知各國使館轉知所屬僑民，嗣後如須來往上開各地，
務由後方經香港、上海繞道來往，一律不得通過河汜區
域，以免妨礙軍事，等由；相應略請英國大使館、美國
大使館、法國大使館、比國大使館、蘇聯大使館、波蘭
公使館、瑞典公使館、巴西公使館、德國大使館、義國
大使館、丹麥公使館、荷蘭公使館、智利公使館、挪威
公使館、墨西哥公使館、秘魯公使館、古巴公使館、瑞
士公使館、芬蘭公使館、葡國公使館查照，轉飭所屬僑
民遵照為荷。合即略達。

三　取締偽鈔

外交部致英美法葡等國大使館節略

民國二十九年三月八日

外交部茲向英、美、法國大使館，葡國公使館致意，並
聲述：頃據報告，香港市面近發現中央、交通兩銀行之
偽鈔甚多，該項中央偽鈔係在上海鑄印，計有十元、五
元兩種，運港已有兩批，每批二十萬元，以澳門為總推
銷場。至交通偽幣，僅有十元一種，係在廣東肇慶鑄
印。又聞有奸徒在港印造中央銀行貳角輔幣，行將印就
等情。相應略請英、美、法國大使館轉飭上海公共租
界、法租界、葡國公使館轉電澳門政府當局，並電香港
政府嚴為查禁，並希見復為荷。

外交部咨函財政部

民國二十九年三月八日

案准貴部二十九年三月六日渝錢字第六五三一號密咨，
以奉蔣委員長代電，抄發香港發現我中、交兩行偽鈔情
報，抄同原情報，咨請照會有關各使館分轉上海租界當
局暨港政府嚴為查禁見復等由，准此。除由本部備具節
略，請英、美、法三國大使館轉飭滬租界當局，並請英
國大使館轉電香港政府，暨葡國大使館轉電澳門政府嚴
為查禁外，相應咨復，即希查照為荷。此咨財政部。

英國大使館節略

民國二十九年五月九日

英國大使館茲向外交部致意並聲述：關於上海流行偽鈔
事，曾於本月一日略達外交部在案。茲據續報稱：上海
工部局捕房在過去六個月中，雖曾逮捕若干企圖使用偽
鈔之人犯，但每次均證明該項偽鈔，係由日本管轄區域
內之居民所購來，或得來，而該區域不在工部局捕房管
轄之內；據聞製造偽鈔之機關，亦在該區域內等語，合
即略達。

英國大使館　一九四〇年五月九日

第六節　其他各項戰時措施

一　制止外國電臺與敵在滬非法電臺通報

交通部快郵代電

民國二十七年一月二十六日

漢口外交部辦事處勛鑒：本部前因上海國際電臺被敵方非法劫持，難免有擅與國外通報情事，業經本月陽管電請照達各國駐華使館，請其轉知各本國電信機關，除非先得本部同意，勿與上海任何電臺通報或通話，以重主權而免糾紛在案。茲據報美國馬凱公司（Mackay Radio and Telegraph Co.）馬尼拉電臺、英國水無線電公司（Cable and Wireless Ltd.）香港電臺及荷印郵電局（Administration of Posto Telegraphs and Telephones of Netherlands Indies）巴達維亞電臺，已先後與敵人在滬非法電臺通報，除由本部電政司分電抗議外，應請貴部分別照達英、美、荷駐華使館，請其尊重我國主權，迅即轉知停止通報，並見復為荷。交通部寢管印。

外交部致英美荷等國使館節略

民國二十七年一月二十九日

外交部據報，美國 Mackay Radio and Telegraph Co. 馬尼拉電臺、英國 Cable and Wireless Ltd. 香港電臺、荷蘭 Administration of Posto Telegraphs and Telephones of Netherlands Indies 巴達維亞電臺，已與日本在滬非法所設電臺互相通報。查該電臺此種舉動，如果確實，實屬有礙中、美英荷兩國固有睦誼。應請美、英大使館、荷

使館迅予轉飭制止，並希見覆為荷。令即略達。

交通部快郵代電

民國二十七年三月七日

漢口外交部辦事處勛鑒：查美國馬凱公司馬尼拉電臺、英國水無線電公司香港電臺及荷印郵電局巴達維亞電臺與日人在滬非法電臺通報一案，前經本部本年一月廿六日密字第三六八五號代電，請分別照達英、美、荷駐華使館，請其尊重我國主權，迅即轉知停止通報在案。茲查荷印郵電局，業經停止與敵人在滬非法電臺通報。英國水無線電公司，經本部電政司去電交涉後，迄未准復，現仍繼續通報。美國馬凱公司雖經一再交涉，該公司竟稱此項通報係為中、美兩國利益，不允停止。查英、美政府向來主持正義，對於水無線電公司及馬凱公司不顧我國主權，與日方在滬非法電台通報之舉動，當不致贊同。相應再行電請貴部照請英、美大使館轉行制止，並盼見復為荷。交通部部長張嘉璈。陽管印。

外交部致英美荷等國使館節略

民國二十七年三月十日

外交部前擇報告：以美國 Mackay Radio and Telegraph Co. 馬尼拉電臺、英國 Cable and Wireless Ltd. 香港電臺、荷 蘭 Administration of Posto Telegraphs and Telephones of Netherlands Indies 巴達維亞電臺，已與日本在滬非法所設電臺，互相通報等語。當以該電臺此種舉動，如果確實，實屬有礙中、美英荷兩國固有睦誼。經於一月

二十九日備具節略，送請美、英國大使館、荷國使館迅
予轉飭制止在案。視外交部續據報告，該電臺與日本在
滬所設電臺，現仍繼續通報。相應再行略請美、英國大
使館、荷國使館迅予設法切實制止，並希見覆為荷。合
即略達。

外交部致美大使節略

民國二十七年五月二十三日

外交部前據報告：以美國 Mackay Radio and Telegraph
Co. 馬尼拉電臺已與日本在滬非法所設電臺互相通報，
當以該電臺此種舉動，如果確實，實屬有礙中、美兩國
固有睦誼，迭經於一月二十九日及三月十日略請美國大
使館轉飭制止在案。現外交部續據報告：滬日方非法電
臺定本月十五日起，與美國馬凱公司及美國無線電交通
公司 R. C. A. Communications 舊金山電通報等語。願
再略請美國大使館迅予查明，設法切實制止，並希見覆
為荷。合即略達。

二　拆除滬杭甬鐵路及對英交涉

外交部致軍事委員會、交通部函

民國二十七年一月十九日

軍事委員會、交通部勛鑒：准英大使館來文以據報寧波
滬杭甬鐵路工程師，奉中國軍事當局訓令，將勢力所及
範圍以內，自寧波至杭州之路軌完全拆除，現已經拆除
者達二十至三十公里，枕木咸充作燃料，俾拆除後無法
修復。並應將在所有車頭各重要部分移至他處，投入河

內或海內，所餘各車輛亦應一律毀壞，聞數日前已有木製車輛三十七輛，經軍隊加以焚燬。查滬杭甬鐵路原為滬杭甬鐵路借款擔保品，茲特提出抗議即希轉飭停止等由。查英大使館來文所稱各節，是否屬實？此種破壞工作，可否停止？如在軍事上究係如何情形？希轉飭查明見覆為荷。確係必要，所有車輛鋼軌用否折卸保存，暫勿毀壞，統希轉飭查明核辦，並盼電復。外交部辦事處。

交通部快郵代電

民國二十七年二月四日

外交部辦事處勛鑒：密。准貴處本年一月十九日漢二二二號代電，以滬杭甬鐵路奉令拆毀一案，英大使提出抗議囑轉飭查明見復等由，准此。查拆毀鐵路，係由前方軍事當局遇有必要時，臨時飭令路局將鐵路或其他設備拆毀一部份，以阻礙對方之交通。在此時期，此種舉動事實上無可避免，本案亦係同樣情形。茲准電前由，已將英大使抗議情形轉行該路當局轉商軍事方面，在可能範圍內設法儘量保全，至該路杭州至曹娥江一段，大部份機車車輛及其他重要路產，前經遷移至浙贛鐵路，在必要時仍可一律移運後方，以資保全，相應電復，即希查照為荷。交通部。江。

荷外交部致英大使館節略

民國二十七年二月六日

外交部前准英大使館來文，以據報：滬杭甬鐵路自寧波

至杭州一段所有路軌，現已奉令進行拆毀，車輛枕木，均予毀壞。查該路原係英國債權人之擔保品，因此英大使館特提出抗議等由。當經外交部轉行主管機關查明核辦去後。茲准覆稱：查該路之毀壞，在軍事上實屬必要，至所有材料，已令飭在可能範圍以內，設法儘量保全，對於英債權人之利益，自當特別注意等語。合即覆達。

三　制訂外商買賣外滙辦法

財政部致外交部公函

民國三十年十一月十五日

外交部公鑒：准平準基金委員會本年十月二十日函略稱：茲抄奉本會十月十四日致各持照及特許銀行文一件，請商由外交部通告各國駐華使館，轉行所屬各員暨各該國註冊商行知照，關於本會所定國幣對英鎊、美金之買賣滙率，尤希轉知注意等由，並附件到部，自可照辦。相應抄附原件，電請查照辦理見復為荷。財政部二一三〇，一一、一五渝錢滙印。附抄件。

附自由中國境內擁有執照或特許銀行買賣外匯辦法

1. 自一九四一年九月十五日起，凡持有美國財政部第六十號及第六十一號普通執照之銀行，供給輸入自由中國之准許進口商品（包括運費及保險費）所需美元，本會按美金五又三十二分之十一滙率，以現售方式售與之，但此項美滙之出售，應合於美國財政部第六十一號普通執照第二節所列各項之規定。

2. 自一九四一年九月十五日起，凡經英國財政部特許

之銀行，供給輸入自由中國之准許進口商品（包括運費及保險費）所需英鎊，本會按英金三便士又十六分之三之匯率，以現售方式售與之，但此項進口物品須來自英鎊集團區域，且獲得此種外滙之人須為英鎊集團區城內之居民。

3. 此項持照或特許銀行售出外滙之價格，應為美金五又三十二分之九，英金三便士又三十二分之五，買進外滙價格應為美金五又三十二分之十一，英金三便士又十六分之三。

4. 進口商需用美元或英鎊外滙，應向此項持照或特許銀行填具申請書，由各該銀行分別轉送重慶本會總辦事處，本會香港辦事處或自由中國境內各地本會指定之代理機關，以及將來指定之代理機關。申請外滙之進口商必須依照本會規定之表式填具申請書，由各該銀行負責查明申請書內填報事項詳盡確實，備文核轉本會辦理。

5. 一九三九年七月四日中國海關公佈以及嗣經修正補充之禁止進口物品表，載列各項物品所需外滙，非先經中國政府核准，概不核給。

6. （甲）為便利輸入不在禁止進口之列之小額商品起見，本會授權各該銀行負責出售此項外滙，惟每次交易數額不得超過美金二千元或英金五百鎊，各該銀行必須查明此類進口物品之性質確屬正當，如遇本會查詢指定案件時，並應將該案辦理詳細情形查明具報。

（乙）關於個人需要，如零星滙款、旅行費用、保險

費等項，任何個人或家庭每月所需相當外滙，本會得酌予核給，但不得超過美金二百元或英金五十鎊，其有額外需要，經查明屬實，本會亦得酌予核辦，以免為難。

（丙）各該銀行應將上列（甲）、（乙）兩項售出外滙之性質及數額，依照規定表式，每週報告本會一次。

7・（甲）一九四一年九月十五日以前已立約之正當商用外滙，在任何方面迄今尚未購得，經敘明情由商請辦理者，本會亦得酌予核辦。

（乙）一九四一年九月十五日到期及以後到期尚未結清之票據，所需外滙，本會亦可酌予核結。惟此項外滙應將銀行或進口商已付之外幣定金除去計算。

8・各該銀行應依照本通告規定之美金及英鎊滙率掛牌交易，不得直接或間接按照其他滙率辦理。

9・（甲）各該銀行為本會向市場購買任何外滙，如出口滙票、憑票、支票、銀行鈔券、硬幣等，應按規定價格美金五元又三十二分之十一，或英金三便士又十六分之三分別辦理，並將此項交易按週報告本會備核。

（乙）凡向本會購得外滙之申請人，應將已在市場購得之外滙售與各該銀行，如不遵辦，以後本會不再核給該申請人所需之外滙。

10・進口商購取外滙概須付現，各該銀行在未售出外滙以前，應先查明輸入自由中國之進口物品運輸手續

是否辦妥，所有因正當用途請得之外滙，無論全部
或一部未用者，應按購進原價退還本會。

11・所有各該銀行經手申請美元以英鎊外滙案件，經本
會核准後應即通知原申請人，同時該銀行應將申請
人繳存四行之任何一行等值國幣數額，按照規定格
式，填報本會香港辦事處，以備查核。

外交部致各國大公使館節略

民國三十年十一月二十七日

外交部茲向各國大公使館致意並聲述：准財政部本年十
月十四日來文，以轉准平準基金委員會函送該會十月
十四日致各持照及特許銀行文一件，請商由外交部通告
各國駐華使館，轉行所屬各員暨各該國註冊商行知照，
並於所定國幣對英鎊美金之買賣滙率特別注意等語，抄
附原件，請查照辦理等由，相應鈔同原件。略請轉飭知
照並見復為荷。

附件。

四　非常時期管理銀行辦法

外交部致英美蘇法比大使澳捷土墨荷公使館節略

民國三十一年五月十八日

外交部茲向英美蘇法比澳捷土墨荷國大公使館致意並聲
述：財政部茲規定各友邦銀行，如欲在中國境內設立分
行，應遵照中國法令（包括公法與私法）辦理，與中國
各銀行一體待遇，經註冊後，受修正非常時期管理銀行

暫行辦法及其他與有關法令之管制，相應抄同修正非常時期管理銀行暫行辦法，依照該辦法規定之四種表式，銀行註冊章程暨其施行細則，以及內地各商業銀行對淪陷區行處之收解通電各一份，略請查照轉飭貴國各銀行知照為荷。

附修正非常時期管理銀行辦法

第一條　銀行除依照現行有關銀行法令及原訂章程經營業務外，並應遵照本辦法辦理。凡經營收受存款及放款、票據貼現、滙兌或押款各項業務之一而不稱銀行者，視同銀行。

第二條　自本辦法施行之日起，新設銀行除縣銀行及華僑資金內移請設立銀行者外，一概不得設立。銀行設立分支行處，應先呈請財政部核准。凡在本辦法施行前已開業而尚未呈請註冊之銀行，應於本辦法公佈命令到達之日起一個月內，呈請財政部補行註冊。

第三條　銀行經收存款，除儲蓄存款應照儲蓄銀行法辦理外，其普通存款，應以所收存款總額百分之二十為準備金，存當地中、中、交、農四行任何一行，並由收存行給以適當存息。

第四條　銀行運用資金以投放生產建設事業，暨產銷押滙，增加貨物供應及遵行政府戰時金融政策為原則。

第五條　銀行承做以貨物為抵押之放款，應以經營本業之商人，並以加入各該業同業公會者為限，放款期限最長不得過三個月，每戶放款不得超過

該行放款總額百分之五。銀行對於前項抵押放款已屆滿期請求展期者,應考查其貨物性質,如係日用重要物品,應即限令押款人贖取出售,不得展期。其非日用重要物品押款之展期,以一次為限。

第六條　前條關於放款期限及展期之限制,於工礦業以原料為抵押,經經濟部主管機關證明確係適應生產需要者,不適用之。

第七條　銀行不得經營商業或囤積貨物,並不得設置代理部、貿易部等機關構,或以信託部名義,或另設其他商號自行經營或代客買賣貨物。

第八條　銀行承做滙往口岸國幣滙款,以購買供應後方日用重要物品,抗戰必需物品,生產建設事業所需之機器原料及家屬瞻養費之款項為限。

第九條　銀行非經呈奉財政部特准不得買賣外滙。

第十條　銀行每旬應造具存款、放款、滙款報告表,呈送財政部查核,其表式由財政部另定之。

第十一條　財政部得隨時派員檢查銀行帳冊簿籍,庫存狀況及其他有關文件。

第十二條　官辦或官商合辦之銀行,其服務人員一律視同公務人員,不得直接經營商業。

第十三條　銀行服務人員利用行款經營商業,以侵佔論。

第十四條　違反本辦法規定者,除法令別有規定外,依左列辦法處辦:

　　　　一、違反第二條第一項之規定者,除勒令停業外,並處經理人一萬元以下之罰金。

二、違反第二條第二項之規定，除將所設分支行處勒令停業外，並處該行一萬元以下之罰金。

三、違反第二條第三項之規定者予以停業處分。

四、違反第三條第十條之規定者，處以一萬元以下之罰金。

五、違反第五條、第七條、第八條、第九條之規定者，處以所營業務金額百分之五十以下之罰金，累犯二次以上者，予以停業處分。

六、拒絕或妨礙第十一條規定行使職權之行為者，除依照刑法妨害公務論罪外，經查明有違反本辦法規定者，並各就其違反情節分別處罰。

第十五條　本辦法自公布之日施行。

五　禁止外商囤積居奇

行政院經濟會議秘書處公函

民國三十一年三月二日

逕啟者：茲因查獲英商平和洋行囤積日用品一案，處理無法令可援。並今後對於外商營業，應否加以管理？均有詳加商討之必要。特定三月四日（星期三）午後三時在本處會議室開小組會議討論，敬希查照派員準時出席為荷。此致外交部。

行政院經濟會議秘書處　三月二日

外交部歐洲司科長湯武呈文

民國三十一年三月五日

奉派出席行政院經濟會議小組討論會，關於查獲英商平
和洋行囤積日用品一案，遵經於日昨午後三時前往。出
席人尚有行政院申慶桂，經濟部曹毓俊，財政部貿易委
員會李獻琛，經濟會議賀耀祖；主席賀耀組。本案事實
為江北寸灘黑子石鎮英商平和洋行堆棧內，積有大宗顏
料、膠鞋、羊皮等之物品，其中一部為我國人民所有，
一部為英僑所有。英僑所有者，一部在我國非常時期經
濟管制法令以內，一部則否。經濟會議秘書處曾派員往
詢該洋行經理，據其面稱，各貨均經在英國領事館登
記。討論結果：（一）由經濟部函請外交部，通知駐渝
各使館轉飭其僑民依照我國非常時期經濟管制法令，限
期登記所有積貨。（二）由經濟部指定外商貨物登記機
關，並會同有關各機關，制定外商貨物登記辦法。

歐洲司科長湯武　謹呈　三月五日

經濟部致外交部公函

民國三十一年四月三十日

案查前准行政院經濟會議秘書處本年三月十二日經秘檢
字第六四八號公函，為函知小組會議討論管制外商營業
決議案，請查核辦理見復等由，當以事關重要，提請行
政院會議討論去後，現奉行政院本年四月二十四日順
十一字第七五一六號訓令開：「本院第五六○次會議該
部提，外商在我國商埠設肆營業，其購存或銷售各項指
定物品應依法登記案，經決議：『由外交、經濟兩部商

洽辦理。』除分令外，合行令仰遵照。此令。」等因，
奉此，相應抄同本部原提案，函請查核見復，以便商洽
辦理為荷。此致外交部。

附抄送原提案一件。

部長　翁文灝

附提案

案准經濟會議秘書處三十一年三月十二日經秘檢（卅
一）字第六四八號公函開：「案查前據重慶經濟檢查隊
報告英商平和洋行囤積顏料等件。該經理吉克斯稱，已
在本國登記，不與中國相干，請示處理一案。當以事涉
外交，並今後對外商營業，究應如何管理，均有詳加商
討之必要，經於本年三月四日在本處召開小組會議詳加
討論決議：（1）由經濟部函外交部通知各國使館轉令
外僑，一律遵守非常時期經濟管制法令，並予函中指定
登記機關及期限。（2）由經濟部擬定外商登記辦法。
紀錄在卷，相應錄案函請查照核辦見復為荷。」等由，
查非常時期取締日用重要物品囤積居奇辦法規定，凡購
存或銷售各項業經指定之日用重要物品，均應登記呈
報，以便查核。此項辦法，各地久已施行，但外商尚有
未經切實遵辦者，為切實執行取締起見，擬規定凡外商
在我國商埠設肆營業，如有購存或銷售各項指定物品，
應概行依法登記。其登記事宜，應由各商埠之當地主管
官署（縣市政府或社會局）主持辦理，並限於本年五月
底以前辦理完竣。在限期屆滿倘仍有外商未經遵辦登記
者，當即依法處理，各地方政府如不便逕行處分時，可
即報由本部轉咨外交部知照該外商使領館予以處理。上

項辦法如屬可行，擬由本部分電重慶市政府及四川、湖南、福建、雲南、浙江、廣西各省政府轉飭各商埠當地主管官署遵照妥為辦理，並由外交部一併通知各國使館轉行知照，是否有當敬請公決。

外交部致英美蘇法比大使荷土捷澳公使館節略

民國三十一年五月八日

外交部茲向英美蘇法比荷土捷澳國大公使館致意並聲述：接准經濟部來文，以查非常時期取締日用重要物品囤積居奇辦法規定，凡購存或銷售各項業經指定之日用重要物品，均應登記呈報，以便查核。此項辦法，各地久已施行，但外商尚有未經切實遵辦者。為切實執行取締起見，茲規定凡外商在我國商埠設肆營業，如有購存或銷售各項指定物品，應概行依法登記。其登記事宜，應由各商埠之當地主管官署（縣市政府或社會局）主持辦理，並限於本年五月底以前辦理完竣。在限期屆滿倘仍有外商未經遵辦登記者，當即依法處理，請外交部一併通知各國使館轉行知照等由，相應鈔同非常時期取締日用重要物品囤積居奇辦法略請查照，並轉飭貴國在華各僑商一體知照為荷。

卅一年五月八日

附非常時期取締日用重要物品囤積居奇辦法

民國三十二年二月公佈

第一條　取締日用重要物品囤積居奇，除法令別有規定外，依本辦法之規定。

第二條　依本辦法取締囤積居奇之日用重要物品，定
　　　　為左列各類：

甲、糧食類：米、穀、麥、麵粉、高粱、粟、
　　玉米、豆類。

乙、服用類：棉花、棉紗、棉布（各種本色
　　棉布，各種漂白染色或印花棉布）蔴布
　　（各種本色蔴布，各種漂白染色或印花
　　蔴布）皮革。

丙、燃料類：煤炭（煤塊、煤末、煤球、焦
　　炭）木炭。

丁、日用品類：食鹽、紙張、皂鹼、火柴、
　　菜籽、菜油。

戊、其他經濟部呈准指定者。

第三條　本辦法所稱囤積指左列各款：

一、非經營商業之人，或非經營本業之商
　　人，大量購存前條所指定之物品者。

二、經營本業之商人，購存前條所指定之物
　　品，而有居奇行為者。

三、代理介紹買賣，並無真實買賣貨主，而
　　化名購存前條所指定之物品者。

第四條　儲存物品不應市銷售或應市銷售而抬價超過
　　　　合法利潤者，為居奇行為。前項合法利潤，
　　　　由主管官署斟酌當地情形隨時規定之。

第五條　本辦法施行時，經濟部應指定執行取締之區
　　　　域，連同取締物品之種類名稱一併公告，並
　　　　行知執行取締之主管官署。

第六條　依本辦法執行取締檢查及處分之地方主管官
　　　　署，除有專管機關者外，在直隸行政院之市
　　　　為社會局，在縣市為縣市政府，經濟部於必
　　　　要時得派員或命令所屬管理物資，或平價供
　　　　銷機關協同主管官署辦理之。

第七條　主管官署應於經濟部文到四日內，將第五條
　　　　公告事項在轄境內公告週知，並分別通知當
　　　　地商會及關係業同業公會。

第八條　非經營商業之人，或非經營本業之商人，在
　　　　主管官署公告前所囤積業經指定之物品，應
　　　　報明主管官署限期出售。

第九條　經營本業之商人，在主管官署公告前所囤積
　　　　業經指定之物品，應報明主管官署及所屬之
　　　　同業公會，應市銷售，其銷售情形由各業公
　　　　會隨時考核報告主管官署。

第十條　主管官署對於應行依限出售或應市銷售之物
　　　　品，得規定其出售價格或令其運往指定地點
　　　　出售。

第十一條　應行依限出售之物品，其所有人對於經營
　　　　　本業之商人或用戶，依照市價或政府規定
　　　　　價格請求購買時，不得拒絕出售。前項物
　　　　　品之所有人，不得化名購買。

第十二條　應行依限出售之物品，到期未能售出時，
　　　　　主管官署得代為出售或責令將物品交由所
　　　　　屬同業公會銷售，必要時由管理物資或平
　　　　　價供銷機關以公平價格收買之。

第十三條　本辦法施行後，經營本業之商人購進業經指定之物品，應每次向所屬同業公會登記，其售出時，應向所屬同業公會報告。同業公會應將前項登記及報告按月呈報主管官署查核。

第十四條　同業公會對於會員或非會員之囤積居奇行為，應負糾正檢舉之責。同業公會不執行本辦法規定事項，或對會員故為包庇者，應由主管官署依法處分。

第十五條　生產或購運本辦法指定物品之工廠商號，應按月將產運數量及其成本報告同業公會轉報主管官署備查。

第十六條　主管官署對於轄境內各項指定物品之購銷運儲情形，應隨時派員調查，並得檢查有關各業之買賣簿籍單據，同業公會於主管官署，依前項執行檢查時，應派負責人員協助辦理。

第十七條　有左列各款情事之一者，其囤積之物品得由主管官署沒收，並得科以一千元以下之罰鍰。

　　　　　一、不依本辦法第八條、第九條呈報，或呈報不實者。

　　　　　二、不遵行地方主管官署依照本辦法第十條頒布之命令者。

　　　　　三、違反本辦法第十一條第二項之規定者。

　　　　　四、經營本業之商人於主管官署公告後，

　　　　　　對於指定物品仍有囤積居奇行為者。

第十八條　有左列各款情事之一者，除由主管官署沒收
　　　　　其囤積物品外，並向法院檢舉，依非常時期
　　　　　農礦工商管理條例第三十一條懲治之。

　　　　一、非經營商業之人或非經營本業之商
　　　　　　人，於地方主管官署公告後，對於指
　　　　　　定物品仍有囤積行為者。

　　　　二、囤積居奇或藏匿大量指定物品，分立
　　　　　　戶名或分散轉移存放地點，或妨害地
　　　　　　方主管官署執行檢查，而意圖規避取
　　　　　　締者。

　　　　三、對於應行依限出售之囤積物品，有黑
　　　　　　市買賣，賭期預貨及空頭倉飛交易等
　　　　　　行為者。

第十九條　地方主管官署為前二條之處分時應報請省
　　　　　市政府核准，並轉報經濟部備查。其沒收
　　　　　之物品，除另有法定用途者外，悉供作平
　　　　　價配銷之用。

第二十條　凡確知有人違反本辦法之規定者，准向主
　　　　　管官署據實密告。主管官署對於前項密告
　　　　　人，應於舉發案件處分確定後給予獎金，
　　　　　並為保守秘密。但密告人如有挾嫌誣告情
　　　　　事，應依法懲處之。

第二十一條　依本辦法沒收物品所得貨款或罰鍰，除提
　　　　　　五成撥充當地辦理平價之資金外，其餘五
　　　　　　成照左各款分配給獎。

一、藉密告或眼線人查獲者，密告或眼線
人給予百分之三十，查獲機關給予百
分之二十。

二、非藉密告或眼線人查獲者，其獎金全
部給予查獲機關。

第二十二條　主管官署應將執行取締情形，按月呈報省
市政府轉報經濟部查核，省市政府並得按
其辦理成績分別予以獎懲。

第二十三條　依本辦法辦理取締檢查及處分之人員，如
有包庇縱容或其他營私舞弊情事查有實據
者，依懲治貪污條例治罪。

第二十四條　公務員假職務上之權利機會或方法，囤積
本辦法指定物品居奇營利者，除依本辦法
懲處外，並比照刑法瀆職罪，從重論斷。

第二十五條　地方主管官署及經濟部授權執行取締之
管理物資，或平價供銷機關，得依本辦
法之規定，專就一種之指定物品，另訂
實施章則，呈經省市政府及經濟部核准
後施行之。

第二十六條　本辦法自公佈日施行。

第二章
日本對東南亞的控制

弊，但恐臨渴掘井，則又措手不及，如越方果有此意，則本人不妨飛渝一行，與我政府密洽等語（白副總參謀長曾有儉代電來館囑為密洽）。秘書長即答稱：誠然。此事亦確越出本人之範圍，但法方一向所顧慮者，即往往事未行，而已走洩，反多生枝節，故雖有意，亦未敢表示，最好請將此事向越督一譚，好在越督三數日後，即返河內，然未知將來果成事實，究以何處屯兵為宜。念曾即答以如龍州亦可，將來循高平公路而下，亦極迅捷。秘書長復稱：何以中國方面對廣西軍事，不致全力將敵肅清？念曾即告以最近敵在鄂北，正全力進攻，我方亦全力以禦，不能兩地同時進行，一俟鄂北解決，對桂省戰事，自當設法等語。旋又譚到鎢砂問題，據該秘書長稱：適奉巴黎來電，對我存防及在貢被扣鎢砂，正與我洽商由法方收買一俟決定，即著越政府執行云云。嗣又提及禁運卡車事，該秘書長稱，此事越政府已一再聲明，係暫時性質，且前已准百輛運出，未知現已運清否？一俟運清，請即告我，俾再續准百輛，如此辦理，無形中即變更前項禁令等語。最後因宋主任蒞越，提及我有製造廿生的大砲德機一架，現存仰光，無法內運，擬借道滇越鐵路內運，適該秘書長談及我方抗戰武器是否充足，念曾除告以自造自給情形外，即乘機提此以問。秘書長即稱以本人見解，極願協助，但最好請與越督譚後決定云云。以上譚話情形，其中最要者，即運輸問題，現除滇越鐵路所供給之噸位外，高平、老街兩公路應盡量利用，河口至昆明一段工程，動工迄今已逾半載，而情況未明，通車更遙遙無期，以我自身之事我反

不能全力進行，故外人每問此事，甚覺難以置答，敢請
將最近工程情形，略示一二，俾資接洽。其次關於人力
助越問題，以目下意大利業已聲明參戰情形論，此事益
增重要，因越南苟或不利，我西南屏障即失，且我倘能
先允此項援助而屯大軍於華越交界處，則越南政府助我
運輸心理，即可稍為堅定，故此事雖非念曾範圍所應進
行之事，但探其語氣，祇須嚴密進行，法方亦所歡迎，
深願我當局勿加忽視，是否有當？理合具文呈請鑒核備
查。謹呈外交部。

駐河內總領事　許念曾　謹呈

駐河內總領館來電

民國二十九年六月二十日

重慶外交部。六七八號。廿日。報載曰：昨日外次向法
駐日大使口頭警告，停止越南助我運輸，今日起所有此
間運輸完全停頓。越方軍隊調動甚忙，所有砲兵均已開
往海防。越督並發宣言，表示在彼統治下，決不將法國
國旗卸下，意指非抵抗到底不可。總領館。

駐越總領館河內來電

民國二十九年六月二十日

重慶外交部。六七九號。二十日。六七八號電計達。頃
訪秘書長，據其表示：最近情形愈演愈惡。昨日外次告
法大使，停止此間運輸情形，諒邀察及。日方警告停運
已有多次，屢經申辯，日方不信，現在恫嚇更較緊急，
不得不一切暫停，使其毫無理由藉口，看彼仍來侵犯

否？此係暫時性質，務請放心。倘此間被侵，我為法人以受越人之信託，必予抵抗，諒攻東京亦非易事等語。經詢以是否現有較直接之威脅，秘書長即答較有直接逼脅。經再詢以是否有集中軍隊情事，秘書長猶豫片刻即含糊答稱，目下雖無，但集中亦極迅捷，其來必以大隊飛機轟炸等語。最後並稱越督現在此有處置一切便宜行事之全權云云。查自法在歐失敗後，此間法人精神上均已頹喪，日方施壓迫較易成功，屯兵邊境之舉，刻不容緩，該秘書長亦感有在臂翼邊境駐兵之需要。總領館。

附註：678號來電，日外次警告法使停止越南助我運輸
　　　等事。電報科謹註。

總領館河內來電

民國二十九年六月二十日

重慶外交部。六八〇號，二十日。六七九號電計達，頃又二次晤政治部長。據稱最近形勢緊張，中、越向表同情，但恐硬助運輸，遭敵侵後而停，不若暫停，緩和敵之恫嚇，故目下一切暫停。經詢其是否敵方有何直接舉動足使越政府採此步驟？據答尚無。經又告以敵在海南島現尚不滿三萬人。據稱現確在三萬左右，惟有艦隊可用，並稱美國對東印度已有表示，對越南尚無等語。最後詢以商運是否亦停，據答一概暫停。總領館。

陳大使柏林來電

民國二十九年六月二十一日

重慶外交部。一二二一號。二十一日。聞法國已允敵方

到，分別在貢防等處裝貨（美輪 Birminham City 來此時，即有一日艦隨行，並停泊該輪之後，以為監視）。至於出口手續，均經辦妥，即存廣州灣之鎢錦亦均取得越督特許放行。此次美領從中協助殊力，得以迅速順利進行，該領為力尤多。其他物資現亦正由 Head 組織遠東公司向我收買，我已開單函知越督（見附件）便利我方辦理轉移手續。復商美領函越督，告以美商所組織之遠東公司係屬美政府所核許。日前往訪美領，據稱越督尚未復信，諒以美商出面，越政府當不致有所異議。惟敵見我紛紛辦理移轉，手續迅捷，不免見而眼紅，故宋主任前見越督時，越督雖曾表示由中國運出之貨，出口可無問題，已運越而退運他處則不可。至售美商之貨，屆時由美領開單交彼出口，或不致有何問題等語。但因敵要求後，今又禁出口，將來移轉美商後，能否毫無阻礙，安然運出，尚屬可慮，因越督被逼，隨時可食前言。現堆貨之倉庫，美國尚不能接管，因當時我建各倉時，越方對我同情，特予各種便利，現既須讓予第三者，仍費相當手續，正在辦法之中，其中尚有數倉庫之地皮，係屬市政府所有，故更成問題。餘如中央鈔券三萬萬，尚未蓋簽字章，因進口均以東方滙理銀行名義辦理，故緊急時東方匯理之 Gannay 氏（在越頗有威力者）允設法運貢，轉運出口。迨該氏晤越督後未能照辦，幾經設法，始允先運西貢，必要時設法向馬尼剌或新加坡轉運。交通銀行鈔券三百餘萬，均已蓋簽字章，則已先運西貢，至於敵監視團與越方會商後，對於何禁何運，目下尚未發表，惟聞商運不久可望恢復，果爾則

此完全因越方自身著想。蓋停運後，滇越路局即無收入，滇越路局每月開支需一百萬，停運後絲毫無收入，故其先將運商恢復，即所以維持路局。但在我方著想，在敵監視下，所准運之物必為我方不需用之物，則將來無用之物源源內運，而運費則又須以外滙購成之越幣付款，損失既大，絲毫不得實惠，當可想見。最近滇越路局復擬劃分兩段管理制，在華境段內另置主管人員，此種手段顯亦為路局本身打算，使在華境一段之鐵路，在環境變遷中可照常營業。總之就目下越方之處處向敵遷就，不免可憐可恨（越方之遷就敵人要求，已超過敵所希望者。故監視團來越之始，僅以禁運為目的，但見於越方有意外之讓步，遂得寸進尺作其他種種要求，而越方亦有求必應，蓋即以越督與秘書長二人論，曩極同情於我，今因欲戀棧，其作為較親日者更親善，使日人對彼不致攻擊，且法人因法國失敗後，見敵勢如是之盛，大兵壓於邊境，故極為慌張，由畏敵而趨於媚敵。最近據傳日、越已秘密簽訂軍事協約，並傳敵向越要求承認南京偽組織，將本館撤去，越方已向巴黎請示中云云。確否固不能證實，但越處處軟弱，敵則貪而無饜，此種要求，將來並非絕對不可能也。）倘我態度強硬，如聲言將該段鐵路收回等辦法，未試不可試辦，但其結果因越已失自主能力，仍使越方夾於兩難之間，未必能有何效果。故鈞座十三日電示不必過事強硬一節，固亦職前次所陳建議之主張也。敵在機場派員監視一節，前經迭電報告在案，察其用意不在檢視行李，而在注意乘客行動。我方外交郵包見機行事，在可能範圍內必設法帶

出，但不能一若以往之按期交帶本館，並已再函越督保證安全，現尚未獲復，萬一將來被逼停止，則駐華法使館之外交郵包（係指各種郵包而言，有時郵遞，有時交中航機帶，如昆法總領事館即常有物帶去），我亦可採取同樣手段，以資報復，未知鈞座以為然否。再法航公司此次載敵赴廣州灣之機，中途被擊，機身死屍均經先後發現，法人死屍五具業已於今日（十五）下午五時由飛機運越十八日上午八時在東法大學醫學院舉行盛大追悼典禮，所有此間各機關上、中級職員均全體出席，日人約有四、五十名均著制服，另日籍記者四、五人，惟詳細經過情形始終未發表，雖明知係遭敵襲擊，亦敢怒而不敢言，越方為避免生事計，至多賠款了結，較諸本年度在滇越路被炸殉難數法人之情形則不堪同日而語矣。此間各方謠言甚多，人心尚安定，餘容續陳。專肅。敬叩鈞安，職許念曾謹上。廿九、七、十六。

再東京至曼谷飛機（經臺灣、廣州）已正式通航，今日三時經此南飛，謹此附聞，顧大使現在何處？能否通電？亦懇電示為禱。

附件。

駐河內總領事館呈外交部文

民國二十九年八月六日

次長鈞鑒：敵為急求結束戰事，當初目的所在，僅要求越方禁運軍用品，但越方鑒於歐戰失敗，而當時敵之壓迫又極猛烈，不得不格外遷就，自敵監視團到越後，越督因種種關係，更趨軟化，故其結果完全將邊境封鎖，

並成立默契，在八月七日以前，無論出入口貨一概停頓，此固超出敵所希望者。各該經過詳情，迭經陳報在案，諒邀鈞鑒，新督到任後，我方迭向要求速決何禁何運，即滇越鐵路公司亦已收入無著，力請早日恢復。同時法政府亦正感到法方態度之軟弱，出於意料之外，亦擬力圖自振，故新督鑒於八月七日之期將屆，即欲以此問題向敵監視團商談，敵除推託西原少將不在，以期延宕外，並利用現在代理西原少將之人佐藤，係華南軍參謀長又造出新事件，橫生枝節，藉使越方不敢向提運輸問題。但越方亦早料到敵肆恫嚇，亦僅紙老虎，故亦不肯放鬆，此所以演成最近數日來外表異常緊張之局面（已詳本館第七六九、七七〇兩號電）。據報敵藉口我有大軍在邊境，有衝入越南企圖，敵為表示友誼援助，欲開軍隊來此助越抵抗，並要求將越方之嘉林機場全部交敵管理，致牒越方，限於八月四日午夜十二時前答復。越方即答復須直接向 Vichy 政府接洽，聞 Vichy 已加拒絕。敵又向越再提第二次哀的美敦書，限五日午夜十二時前答復，囑越方再加考慮（關於假道一事，敵確有此要求，即經濟部長向人表示亦承認此事，但法人表示任何事可允，獨假道一事堅決拒絕，至於接管飛機場之要求，尚未證實，但有好多法人如此說法。）今期限已過，是否敵將再有進一步之舉動，不得而知。據一般法人意見，敵已軟化，聞因桂南我軍曾有勝利，已能牽制敵軍，但越方為不示弱計，除於四日下午二時宣布緊急動員令外，復在軍營一帶民房屋頂架設高射機槍（在本館附近之美南隆西菜館及巴黎酒店屋頂，均已架設，

並有法越士兵看守。）軍隊調動亦忙，故意佈成緊張局面，以示堅強決心予敵一打擊。又一消息，敵將有兩巡洋艦駛越，據此間派偵察機往調查，在口外已泊有敵艦兩艘及運輸艦一艘。再據另一消息，敵因越方強硬後已反趨和緩，故自昨夜起，此間兵營內已將士兵禁止出外之令取消云云。總之新督秉承政府意旨，態度較為堅決，雙方正在鬥法之中，或能因此而越政府強硬，使運輸等均可有相當辦法，或雙方竟弄假成真釀成戰事均屬不可逆料。最近據海防海關副稅務司向人秘密表示，越政府態度決趨強硬，在此數日之中，或有小事發生，請我不必驚慌，但過此期後，商運或即可有辦法云云。足見與日來之局面正相吻合，數日來越方所取手段良有以也。今據經濟部長馬蒂向人談：自明日起，由中國運出之商貨，即可開始准運，本館近據報告：桂南之敵已漸向龍州以上撤退，前駐龍州一帶有一萬餘人，現僅三千餘，在龍州者僅千餘人，日方受我反攻牽制必不敢遇事猖狂，越之計劃或可成功，故本館迭陳桂南戰事與越局息息相關，正由此可見我方對此重要關鍵所在，尤宜不可忽視矣。再我駐此各機關公務員向由本館發給證明書免繳身稅，聞越方近欲一概繳稅，此固越方之一種政策，以免為敵所見，特別通融華人，足資藉口。但在我公務員方面，納稅後得有保障，不能隨便被逐出境，好在為數亦無幾，自應照辦，較為妥善（業已就近勸各該公務員照納）。專肅，敬叩鈞安。

職許念曾　謹上　二十九年八月六日

四　與越方的交涉

許總領事與越督德古（Decoux）談話紀錄

時間：民國二十九年七月二十九日下午三時半

地點：越南總督府

總領事：本人知貴督接事，本擬即來拜訪，因知貴督接
　　　　事之初，異常忙碌，故於今日始來相晤，極感
　　　　欣幸。中國政府知貴督就任特命，本人代表道
　　　　賀，並深知越南所遭遇之危困局面，但亦極願
　　　　在此種局面，希望無論如何，能顧到中國之立
　　　　場與利益。

越督：（先表示感謝）誠然。華、越土地相接，經濟、
　　　　政治上之關係息息相通，倘越南脫離中國，即無
　　　　法吐氣（意指繁榮而言），故雙方無論如何須互
　　　　相通商。本人當本此目標努力做去，務請放心，
　　　　並請轉達貴國政府。

總領事：誠如貴督所云，雙方關係至為密切，即如一九
　　　　二七年越方擬隔離中國而謀經濟上獨立發展，
　　　　但其結果之失望，諒貴督尚能憶及。

越督：閣下所言，正與本人見解完全相符，即如目下禁
　　　　運後，此間所需之滇省菜蔬、水菓等均已無來
　　　　源，余當盡力設法解決目前各種困難。

總領事：余知貴督甚忙，擬將各項問題作一簡短問答，
　　　　上月十八日，前督接得法國駐日大使通知，此
　　　　間貨物通過，完全封鎖停頓，經數度催詢，據
　　　　稱，須俟日監視團來到會商後，方可知何禁
　　　　運，何以監視團來此一月有餘，而何禁何運迄

無消息？

越督：本人正因此事在積極進行解決中，前任本應俟監
　　　視團一到，即與商談此項問題，但不知何故始終
　　　未談到何禁何運之事，本人深知此項問題之重要
　　　性，決於最近期內召集該項委員會討論，一俟有
　　　所決定，當立即轉達閣下。

總領事：未知日、越雙方有無何種條件簽訂？

越督：並無任何明文簽訂。

總領事：既無明文訂定，何以又欲與日監視團會商後始
　　　能決定何禁何運，日所要求禁運者僅為軍用
　　　品，而目下則一律停頓，即如日常用品如米、
　　　藥品等亦在禁運之列。

越督：此即當前之困難，亦即本人所急急求解決之事，
　　　如雲南之菜菓等不能運來，米亦為重要必需品，
　　　亦無法運入，本人正注意解決中。日前滇省之繆
　　　先生已晤及，知已購待運者有六千噸，尚擬續購
　　　者有兩萬噸。

總領事：米為日常必需品，滇省人口眾多，需此孔殷，
　　　貴督既已鑒到如此情形，務懇儘先解決。此
　　　外即如藥品，此間日總領事尚向人表示內運
　　　可無問題，又如郵政包裹，現積海防者已達
　　　一萬兩千餘包，此乃萬國郵政公約所規定，
　　　亦竟遭停滯。

越督：本人日來正為此等情事設法解決，自當格外注意
　　　（並紀錄）。

總領事：當初前督向本人表示對於出口物資並不禁運，

　　　　即日外務省方面發言人亦始終未提出口貨禁
　　　　運字樣，何以自七月七日起連出口貨亦一概
　　　　停止。

越督：此即當前所欲解決之困難，未知中國方面之出口
　　　　貨，除菜蔬、水菓等之外，尚有何種貨物？

總領事：出口之貨，名目甚多，即如桐油為向美貸款之
　　　　抵償品，此外如各種礦產品鎢、銻、錫等等，
　　　　錫且為條約中規定過境免稅之貨物。

越督：（先紀錄）余當注意此事。

總領事：現又有一問題須與貴督所談者，即我國之貨既
　　　　不能內運，又不准退運，即須久屯倉庫內，而
　　　　庫租昂貴，日積月累，勢必租金超過物價，甚
　　　　至有許多商人身家性命悉在貨品，遭此困難，
　　　　即須完全破產，此種情形似覺不近人情，本人
　　　　已函請貴督核辦（見附抄件）。

越督：該信已見到，所述極透澈，余閱過後再閱一遍，
　　　　此事余當研究注意。

總領事：越方因增強國防關係，往往需用各種材料，我
　　　　政府機關鑒於華越安危繫於同一地位，故對越
　　　　方所需無不願意借用，向未拒絕。實則政府機
　　　　關物資均我抗戰必須需用品，故借用已屬非常
　　　　之友誼，援助乃往往有給價極低甚至不及原價
　　　　三分之一、二，亦有不通知即自動搬去，諒此
　　　　決非高級長官之意，乃執行人員不明此種情形
　　　　而有此舉動，此事務請注意。

越督：余即下令須依法按照手續辦理（並記錄）。

總領事：我有大批鈔券，現在西貢，國內待用甚急，此
　　　　種日用貨幣，何以不能內運？又不得轉運馬尼
　　　　剌或仰光轉運入境，須請貴督注意。

越督：（先紀錄）本人明日接見東方滙理之 Gannay 時，
　　　當與研究此事。

總領事：歐亞公司擬即復航，貴督以為如何？

越督：本人並無何意見，惟據許多人談，仍不無困難。

總領事：東京廣播，前督與西原談話內有協力解決「中
　　　　國事件」一語，本人以為日方宣傳必將原意變
　　　　換，以淆聽聞，乃二十六日見此間報載貴督與
　　　　西原談話中有「東亞新秩序」一語，所謂「東
　　　　亞新秩序」乃日本侵略中國及各國在遠東利益
　　　　之口號。

越督：前越督既未有此種談話，本人亦無此言語，見報
　　　後本人已極不滿，並將紅鉛筆劃明指出務請轉達
　　　貴政府勿生誤會。

總領事：該項消息雖係日方所發出，但此間報紙係經檢
　　　　查後始得刊載，外人或將疑此種論調已得當局
　　　　許可。

越督：本人將嚴斥該項新聞之負責檢查人員。

總領事：我國有大軍開抵桂省邊境，此乃協助越方減少
　　　　日施壓迫之顧慮，純屬友誼的援助，日內並將
　　　　陸續開到。本月十四、十六兩日在邊界所生小
　　　　事，已完全解決，並已呈報政府轉令，勿再生
　　　　事，嗣後可保相安。高平 De Tonguiere 氏應付
　　　　亦極得宜。

越督：余亦知此事，並悉貴國軍隊軍容甚佳。

總領事：大軍抵達邊境，給養上當屬不易，越方准日方
　　　　每日三卡車給養，送往佔據該南海之日軍，希
　　　　望對於我軍給養亦勿阻難。

越督：自當考慮。

總領事：余知貴督公忙，不願再誤貴督時間，今日所談
　　　　各節對貴督誠懇相待，極為欣感，擬即告別。

越督：此係首次與閣下相識，極為欣幸，此後希望常有
　　　　和睦之來往，惟關於「東亞新秩序」一語，務請
　　　　勿誤會，並請轉達貴國政府（畢）。

談畢握手而別。

蔣委員長與法大使戈思默談話紀錄

民國二十九年十二月二十一日　下午五時

在座傳譯：李唯果　凌其翰

曾遂告事由陳訴關於中法間三項重要交涉事件

法大使：今日特來晉謁委員長，以奉政府訓令，關於
　　　　目前中法間數項重要問題，向委員長陳訴，
　　　　務懇委員長予以支持，俾得圓滿解決。

（一）滇越鐵路問題

法大使：予所欲陳訴之第一問題，為滇越鐵路問題。
　　　　根據中法所訂滇越鐵路章程，在某種情況之
　　　　下，中國對於該路得以節制，惟如何節制，
　　　　中法間須謀一合作處置辦法。最近滇越鐵路
　　　　滇段局長，曾與交通部切實磋商，法方所提
　　　　合作方案，其主要原則在確認此項章程依舊

有效。而於下列三點，法方尤為重視。

一、材料之毀壞與損失，法方須保留要求賠償
　　之權。

二、鐵路橋樑及其他重要土木工程之毀壞，應
　　視軍事需要之緩急為轉移。如軍事上需要
　　未見迫切，不分緩急，一律予以破壞，法
　　方期期以為不可。即就參謀之技術觀念而
　　言，似亦非所宜。

三、線路司令沈昌就任伊始，沿路張貼佈告，
　　略稱凡滇越鐵路法籍人員，一概不能享受
　　領事裁判權，而須受中國軍事法令之約束
　　等語。關於此點，極為注意，沈司令對於
　　法國人民在華所享條約上之權利，似尚未
　　能了解，以致有此誤會，應請設法料正。
　　總之，滇越鐵路為法國政府所經營，而非
　　法國人民私有之企業，該路且為法國政府
　　在遠東之主要產業，故法政府非常注意。

委員長：貴大使所述各節，予當交主管機關研究辦理，
　　　　而貴大使之願望，予當命主管機關注意之。

（二）中越邊界糾紛問題

法大使：第二問題為中越邊界糾紛問題，予曾屢請外交
　　　　部注意，最近外交部否認中國軍隊有越境衝突
　　　　情事，認為純粹謠言。但據越南當局之調查，
　　　　確有法越士兵死傷情事，予意此問題之解決，
　　　　不在互相推諉，而在如何避免衝突。一方面越
　　　　南政府已嚴令約束軍隊不准發生糾紛，他方面

　　　　亦懇委員長命令邊界中國軍隊作同樣之約束，
　　　　然後進一步，越南軍隊願本友誼合作精神，與
　　　　邊界中國軍隊相互交換情報，密切聯絡，以期
　　　　一切衝突，無從發生。

委員長：予當向貴大使切實保證，中國軍隊絕無越境
　　　　尋釁之意思，除非越南軍隊受日方之利用，
　　　　向我尋釁，中國軍隊決不無端與越南軍隊衝
　　　　突。如越南軍隊確有誠意與中國軍隊和好，
　　　　則儘可提出方案，予當予以研究考慮。

法大使：越南方面確有此誠意，予當令武官即予研究。

委員長：予深知法政府有此誠意，但恐越南當局未必有
　　　　此誠意。

法大使：予敢言越南當局亦有此誠意，惟越南當局所處
　　　　之地位未能完全自由，自亦無可諱言。越南當
　　　　局一方面受日本之壓迫，而他方面友好之情緒
　　　　顯然仍傾向中國，越南處境之困難，等於「在
　　　　鋼絲上行走」marcher sur la cordelle，希望委
　　　　員長予以諒解。

委員長：予對法方之苦衷，向抱極端諒解精神，對法越
　　　　當局迄未加以責備，祇須越南當局，真有誠意
　　　　與我邊界軍隊和好合作，予願加以考慮。

法大使：此「合作」似應作為中、法邊境軍隊相互諒解，
　　　　交換情報，密切聯絡，以期根本消除糾紛。

委員長：此處所言「合作」自應作此解釋。

法大使：總之，邊境糾紛於法於華，均屬不利，而日方
　　　　則可利用之造成種種口實，為中、法兩國之

本身利益計，實應設法避免之。

委員長：略頷首未答。

（三）中越邊境封鎖問題

法大使：予欲陳訴之第三問題，為中越邊境之封鎖問
題，法國人民之來往，如繞道香港仰光，事
實上極感困難，若無法由滇邊通過，法國人
民之交通來往幾乎完全斷絕。予曾向外交部
交涉，但外交部商准主管機關，竟直截了當
拒絕考慮。予深知在原則上解禁之困難。但
若法人有個別請求，如因疾病或其他事故必
須出入通過邊境，希望中國當局予以個別有
利之考慮。

委員長：此事當可商量，但須注意此問題與第二問題
有連帶關係。

法大使：邊界封鎖限於交通方面，而邊界糾紛則屬於軍
事方面，其間為何有連帶關係。

委員長：邊境為何要封鎖，因為軍事上之需要。軍事上
何以有此需要，因為越南軍隊對我邊境時有騷
擾，不能採取誠意友誼之精神。故若第二問
題──即邊境糾紛問題能得解決，則第三問題
──封鎖問題亦可迎刃而解。

法大使：支吾未答。

委員長：總之對於貴大使所提三事，予當分別交主管機
關予以研究考慮。

法大使：予深為感謝，並乘便向委員長報告中國在海防
之商貨，日本千方百計想出而奪取，越南政府

　　則想盡種種方法予以拖延，無非欲為中國商貨謀保全之道。日方原欲強迫拍賣，予堅決反對，再三與越南政府磋商，已可做到不拍賣，而由商人自由作價賣出。如此中國方面可以減輕不少損失，予對此事煞費心血，認為本人之成功，希望法國所要求者，中國方面亦能予以有利考慮。否則本國政府將責予專為中國謀利益，而反置本國利益於不顧矣。

委員長：貴大使此言予不欲置答，予認為海防商貨之保全問題，係法國之責任問題，法國應該設法保全（委座言「應該」二字態度甚堅決），予並不感覺對此應有所感謝。予對貴大使所陳述之三事，所以願允交主管機關予以研究考慮者，實緣於予對貴大使個人之友誼耳（委座言時態度極嚴肅）。

法大使：予甚感激委員長之知遇。予尚有一事須請教委員長，並向委員長有所請求，緣上海法租界近來恐怖事件層見疊出，最近法捕房巡官、法領事、法院顧問等，先後被刺，尤使法租界人心惶惶。法租界治安如難於維持，則日本又可藉為口實，於中國亦極不利。上海法租界所處環境之困難，幾與越南相等，希望委員長以最高領袖偉大精神之感召，使上海之青年份子歸於鎮靜。

委員長：此事甚為詫異，凡屬有常識判斷之人，必能認清此類恐怖事件，決非有識愛國之中國人民所

為。蓋中國決不欲擾亂租界，而目前對於租界
確有企圖者，則為日方，予可斷定此種恐怖事
件係日方所造成，或日方指使漢奸所造成，以
期擾亂法租界之治安。日方故意造成種種恐怖
事件，而被犧牲者又適為親日之法人，以期淆
亂視聽，日方之毒計，應請貴大使特別注意。

至此，委員長復申述「在中國無事不可商量，惟主要條
件在於對方須具有真切誠意之精神。」法大使就申謝委
座之接待，並報告不久將離滇赴滬，際斯聖誕新年，特
為委員長蔣夫人暨中國前途祝福，乃起立告辭，談話約
一小時。

五　接管滇越鐵路

外交部致法國大使館節略

民國二十九年九月二十四日

外交部茲向法國大使館致意並聲述：准法國大使館九月
廿一日來略，以中國政府命令滇越鐵路公司法籍越籍職
員服從中國政府管理權，提出嚴重抗議，請收回成命等
由。業經閱悉。

查法方徇日方要求，始則停止對中國之運輸，繼又與日
本訂立協定，允許日軍利用越南領土及軍事設備攻擊中
國。中國政府在此種情形之下出自衛計，根據中法滇越
鐵路公司章程第二十四條之規定實施調度。為使調度圓
滿執行起見，施行軍事法令，實為必要之步驟，所有該
公司職員均應一體遵從。乃法國大使館於法國政府破壞
中法條約，違背國際公法，不顧中法善良鄰誼之餘，

竟復反對中國政府對於滇越鐵路施行管理權，此種態度，殊不可解。所提抗議，外交部礙難接受。相應略請查照為荷。

外交部駐雲南特派員公署致法駐滇領事官照會

民國二十二年七月二十一日

為照會事：頃奉雲南省政府主席龍令開：轉奉軍事委員會委員長蔣電開，茲特派川滇鐵路公司總經理薩福鈞，於本年八月一日前往接管滇越鐵路公司滇段鐵路，由省政府予以協助，等因奉此，自應遵辦。仰該特派員即便遵照照會法國駐滇領事轉飭知照，等因奉此。茲薩福鈞君定於是日午前九時前往接收，用特備文照會，即請貴領事官查照轉飭滇越鐵路公司滇段經理遵照為荷。此致大法國駐滇領事官華。

外交部駐雲南特派員公署王占祺（印）

中華民國三十二年七月三十一日

外交部駐雲南特派員公署快郵代電

民國三十二年八月五日

重慶外交部代部長吳鈞鑒：先後接奉鈞部（卅日）密電暨交由交通部路政司楊司長攜來之歐（32）四二六九號代電，正遵辦間，復於七月卅一日由雲南省政府轉下軍事委員會委員長蔣午勘侍秘代電略開：茲決定八月一日與維琪政府斷絕國交，並同時接收滇越鐵路，其接收事宜特派交通部路政司長楊承訓督飭川滇鐵路公司辦理等因，囑由職署予以協助辦理。職署遵於即日照會駐昆法

國領事華業爾，轉知滇越鐵路公司，並協助楊司長督飭
川滇鐵路公司，薩總經理福鈞於八月一日上午九時前往
滇越鐵路公司實行接收，經過情形尚屬順利，理合將辦
理情形代電呈復，敬祈鑒核。職王占祺叩。微印。

第二節　日取中國存越物資

一　日軍侵佔中國存越物資

西貢轉駐河內總領館許念曾來電

民國二十九年十二月二十日

重慶外交部。一〇五六號。十九日。據報：通運 D 倉
均裝西江卸下之貨，由日軍看守，現悉日軍勾通關員及
日越浪人，將其中貨物盜賣，損失不計。又交通部存防
無線電話機一架，因關員洩漏，敵派軍用車往各倉庫搜
尋已全部取去等語。許念曾叩。

西貢轉駐河內總領館許念曾來電

民國二十九年十二月二十二日

重慶外交部，一〇六六號，廿二日。據息：越近在長崎
進行某種秘密談判等語。又息：敵現與越研究築一公
路，經萊州至滇邊，以切斷滇緬交通，預計此路築成，
至少需時一、二年。許念曾叩。

西貢轉駐河內總領館許念曾來電

民國二十九年十二月二十八日

重慶外交部。一〇七七號。二十八日。敵在東京十、

十一兩月對法方原已稍鬆，現突又轉緊，如二十六日直接拘捕信臣會計胡中甫，同日自行搬取同利倉我存車胎等等。推其原因，無非九月二十七日後，亟擬南進，北圻瑣屑，不暇顧及，並可示好法方。今南進受阻，故得暇對北圻加強努力。許念曾叩。

駐西貢領事館來電

民國三十年一月十八日

重慶外交部。二〇九號。十七日。今晨晤越督德古，渠意滯貢華貨，出口絕不可能，惟認為由貨主就地逕售之辦法當可磋商等語，可否照此辦理，敬祈電令祇遵。駐西貢領館。

西貢轉駐河內總領館來電

民國三十年二月四日

重慶外交部。一一一二號。四日。我存越物資，越方指定經濟部 SANS 與日方洽辦。據報：日方態度變幻莫測，目下忽又要求越方全部沒收，否則日方自動執行等語，駐河內總領館叩。

河內朱垣章來電

民國三十年七月二十七日

敵今日搶運我存河內各倉之商貨，經派人往查，確見敵軍用卡車正在分批搬運，美領事往訪軍官室主任，據稱：越方每有要求，日方即提一反要求，故事實上無法阻止。該主任並稱據 Sumita 之意，倘由林珈珉出面解

決,或可商量云云。越方絕對不承認偽組織,而日方則
用種種方法逼迫,由此可見。職今甫返河內。職朱垣章
叩。二十七日下午四時。

河內朱垣章來電

民國三十年七月二十八日

昨電計達。敵兵並往志昌、順昌、華昌等號之倉庫內,
搶搬存貨。如志昌有一百八十件洋紗被敵兵搬走,似此
行為,不啻白日行劫,直接損害僑產,除函美領事立即
抗議外,謹聞。又今日仍在繼續搜索。二十八日。

二 與法越當局之交涉

部長會晤法大使戈思默談話紀錄

歐洲司劉司長在座

時間:民國二十九年十二月二十四日下午四時

戈大使謂:日人對於此事態度原頗堅強,經吾人再三努
　　　　力,近始決定不予拍賣。規定:(一)越南
　　　　當局可以照價徵用。(二)物主可以就地自
　　　　由出售。(三)其不能銷售之貨物,存入倉
　　　　內,由越方負責保管。

部長謂:關於此事本部將致送節略。

戈大使謂:原則既已決定,自易於實行,中國駐越領
　　　　事可與越督就地商決細節。

部長謂:轉口問題如何?

戈大使謂:日人對此點曾經拒絕,本人曾電德古,可將
　　　　含有人道性質之物資如藥品等,予以例外准

許轉口，迄今未得其覆。

部長謂：本部致送之節略內容如下，首先述明中國政府
　　　　對於此事之立場，其後提出解決辦法。

戈大使謂：當盡可能辦理，惟望閣下亦能如此做法，俾
　　　　滇越邊境封鎖問題得以解決。

部長謂：亦當盡力辦理，並即轉行軍事當局。

顧大使自維希來電

民國三十年一月六日

重慶外交部。二四六號。三日。據亞洲司員告年底戈大
使電稱：關於存越貨物問題，接大部照會抗議拍賣，內
開如不停止，則我擬將在自由區之法屬財產封存作抵，
法外部殊為詫異，詢問詳情真相若何？乞電示。又密
息：（1）戈使電告：（甲）深表大部抗議照會，語氣
十分強硬，而少親善態度，當係受英方宣傳影響，希望
法政府設法對付。（乙）我自由區發生米荒，有饑饉之
虞。（丙）我國共產黨不滿政府，對四八兩軍之被調至
貧苦省區，故與政府摩擦日甚。（丁）謂我國政府過信
英方宣傳，常以英方消息改頭換面作為自己訪得，近益
變本加厲，全採英方消息。（2）駐蘇法大使電：第三
國際現利用中國饑荒，民生塗炭令我國共產黨作反政府
活動，對我政府調四八兩軍移防，認為歧視，並不滿對
特親英、美之態度云。顧維鈞。

西貢領事館來電

民國三十年二月五日

重慶外交部。二一四號。四日。昨晚晤越督，（1）關於滯越官商各貨，將法大使及防督同意由我報關自售之原則根本推翻，商貨則仍主拍賣，官貨則僅謂情形特殊，不表示辦法。據各方探報：越擬收買後轉售日方。因敵擬擇要購買，給價又低，故尚未成議。（2）貢米出口每年約一百五十萬噸，除敵已訂購七十萬噸，法自用三十萬外，餘五十萬噸，法商佔百分八十四，華商僅百分十六；實際海關統計，我應佔百分四十九點七十餘，出口華商僅三十七家有權繼續，餘均撤銷，是直接間接失業者萬餘人。且米行全部操之我手，今後百分八十四將由法商支配米價。（3）高棉魚乾輸出年約二萬五千噸，價值千餘萬元，均係華商經營，現越方限制出口，對華商一律拒絕。以上三案雖經反覆解釋，嚴重抗議，主張官商貨應照法大使諾言辦理。米出口華商最低佔百分二十二，由關係人公平分配。魚乾出口不得拒絕華商參加，但毫無效果。除對華報檢查稍寬外，越方對我正當權益已無尊重誠意及能方，有背信態度，恐難好轉。未完下接二一五號電。駐西貢領事館。

附註：二一五號電尚未到。電報科謹註。

外交部致法國大使館節略

民國三十年三月二日

外交部茲向法國大使館致意並聲述，關於日方欲攫取交通部交由法國銀行團保管作為抵償債務之存越鐵道材料

事，外交部二十九年十二月十八日節略計達。茲據報
告：日方現已著手將上項材料運出海防等情。相應再請
法國大使館轉行越南當局，對於此事特加注意為荷。

徐次長晤法使館 Paul-Boncour 談話紀錄

民國三十年五月二十七日

徐次長謂：昨得報告，知日人已將海防存貨悉數劫奪，
而越南政府竟未加抵抗，中國政府迭向法政府交涉終無
效果。現中國政府祇得保留其應有之權利，大概日內將
有正式公文遞送法方。Paul-Boncour 勉強解釋法方如何
與日方交涉，與戈思默大使之如何努力，現日本既用強
力，法方亦無可奈何。關於徐次長所謂保留一點，詢以
作何解釋，是否包括沒收某處天主教會之財產（關於此
事日內另有文來）等事。

徐次長告以吾方在原則上當然保留應有之權利，但並未
想及報復行動，吾方深望關於日方搶劫之財產，日後中
法間有一公平之辦法。

第三節　封鎖緬甸

一　英國對日本要求禁運的態度

郭大使倫敦來電

民國二十九年六月二十八日

重慶外交部。一〇七三號。廿八日。一三二五號電敬
悉。頃晤英外長詳為陳述，並謂天津問題甫經解決，日
本又提出新要求，足見退讓徒增糾紛，請外長對緬運予

我一保證。外長謂已預料祺係為此問題而來，日本所提撤上海租界駐軍，及香港、緬甸停運三事，當以緬運為最要，彼亦了解其問題關係我抗戰之重大，且不特中國重視，即印度、美國亦甚不願此國際路線之斷絕。但彼不願作答復，擬於數日內提交閣議，並將我方所言各點提出充分考量後答復云。祺言信其答復將能使吾人滿意。繼謂上海問題美國亦有共同利害，諒在商洽中。彼謂與美取同樣步驟為英方一貫政策。關於香港運輸，在越南路線切斷後，祺謂雖不如前此重要，但為我財政機關運用上之中心點，仍請英堅拒日本之一切要求，免遺後患，末告宋子文兄已抵美，或將來英。彼云願予晤洽。郭泰祺。

附註：一三二五號去電，敵外次又要求英方緬甸停運軍
　　　火事，希密商英政府堅拒由。電報科謹註。

郭大使倫敦來電

民國二十九年七月二日

重慶外交部。一〇七五號。一日。今晚訪外政務次長，問英國政府對日要求如何決定，我方甚重視，現欲得一保證。彼答迄未答復日本，今晨內閣討論此問題尚未終了，故不能正式答復，但所趨方向可使我方滿意，請勿顧慮云云。祺重申緬運與我抗戰及英自身利害關係之重大，在道義及現實政治各方面而論，萬不可不維持。外次謂與一自由獨立之國家之交通線，因第三者之要求而切斷，現英國政府係構成於廣大基礎上，不致賣中國而自毀立場，且失中國之助。吾人當堅持原則，與日本週

旋。關於上海為策略關係，或將駐軍撤往香港，如從前
天津辦法，但同時不放鬆公共租界之不得侵犯。祺詢能
否商請美國接防？彼答恐不易辦到，但在道德外交上得
其援助。至香港為英屬地，決以武力防守。祺言英方愈
決心，日本愈不敢犯，除非英島真被侵犯，帝國瓦解，
但吾人深信不至有此。繼謂有田擅自宣布之東亞門羅主
義，美政府必有反響，詢英態度如何？彼答美方當難默
認。英政府以自由獨立之中國為其根本遠東政策，亦不
能承認。又日本所稱南洋云云，極為廣汎，澳大利亞等
等是否在內，英方此時不願與日挑戰，但由外交途徑有
所表示云云。祺意我國政府應即嚴詞闢斥，重申我國立
場。祺並告外次我國雖受歐局不良影響，但抗戰決心未
稍減，正與英政府相同。再關於六月二十六日彼在議
院之答詢，謂中國對天津協定並無異議一節，祺曾於
廿八日函駁，彼表示歉意，謂係僅指白銀而言，現擬
設法更正，以免誤會，並將正式函復云云。往來函抄
寄。郭泰祺。

郭大使倫敦來電

民國二十九年七月八日

重慶外交部。一〇七七號。八日。關於緬交通問題，頃
詢英外次如何答復日本，據答：僅告以不能停止之各項
理由，如所運各貨係美、蘇產品，且印、緬與中國地理
上關係亦須維持，但尚未作最後答復。英國處境極端困
難，不願與日正面衝突，其他有關係之國應分負責任云
云。祺謂與美、蘇當已有商洽。彼答克爵士與蘇政府及

蘇政府與彼均已談及，在華府亦有接洽，兩方均表示關心，但無具體辦法。祺謂日本深陷中國，不能自拔，除空言恫嚇外，實無力敵對英國，因面交蔣委員長致友邦聲明書，請細閱即可瞭然。又謂英方疏散香港婦孺，表示堅守決心，日方即為驚異，鬆緩封鎖，亦可為明證。且助我利大害少，主斷然行之，利可兼顧。反之如日本萬一拔起泥足，可自由南進，將貽患無窮云云。彼謂當將所述各情轉達外長與閣員。祺按英方真意在延宕，當無意接受敵人要求，但亦不肯斷然拒絕。再外次謂駐日英大使當繼續與日外務省商談，祺謂此殊使吾人疑問，恐蹈天津協定覆轍，外次笑謂彼須遵奉內閣訓令，請勿為慮。祺。

外交部致駐英大使館電

民國二十九年七月十日

一三四三號。關於日方威迫停止緬甸運輸事，英方已答復日外相，日方認為不滿，大事咆哮，同時聞英政府有授權克萊琪處理之說，究竟英方此次如何答復，以後是否不問日方如何壓迫，仍堅拒無理要求？目下英方對我抗戰之協助惟滇緬運輸一路，我方命脈所寄，不得不請英方坦白告我，務望迅即密洽電復。再胡大使處已去電囑商美政府，勸英勿作讓步。併洽。外交部。

外交部致駐美大使館電

民國二十九年七月十四日

駐美大使館。1620 號，十四日。送據郭使報告與英外

相、英外次會談關於緬甸運輸事，英決定允許在三個月內（所謂雨季）停運某種貨物，其種類尚在英、日商討中，但聞汽油與卡車均在內。英方屈服原因，據稱如與日本衝突，澳大利亞、紐絲倫等必首蒙其害，而美國之不肯表示協助，尤使英方不能不讓步。姑無論英方所持理由如何，其負中國自不待言。而美方對此事迄未為英作聲援，殊令人大為失望。倘美方再無表示，則日將認為美亦已屈服，所謂暫時的某種貨物之停運，勢必成為長期的全部禁運，美對此事如有有效表示，實為同時援助中國與英國之舉，希迅商美政府電復。外交部。

二　外交部對英封鎖滇緬運輸發表聲明

聲明全文

民國二十九年七月十六日

關於經緬運輸問題，中國政府雖曾向英方迭次申述其立場，乃英國府政業對日本之壓力，竟表示屈服，並接受其無理要求，允在特定時期內停止某種貨物由緬甸路線運入中國。中國政府對於英國政府所作之決定，不得不表示最嚴重之關切，並認為此種舉動不獨極不友誼，且屬違法。

緬甸運輸之繼續維持，對於中國之抵抗侵略至關重要，自不待言。英國接受日本之要求，已給予侵略者以鉅大利益。故英國之舉動無異幫助中國之敵人，英國政府曾再三宣稱對華政策決不變更，而現在所採步驟，無論如何，斷難認為與其所稱之政策相符合。

緬甸一途，匪獨係中國對外交通之重要路線，亦為

與若干國家有切膚關係之通商大道。因此，緬甸路線之自由使用，不可認作僅涉及中國與緬甸間之問題。而實應視為特別關涉在遠東擁有鉅大商業利益諸國之國際問題。

就本問題之法律方面觀之，英國政府之立場亦絕無根據。

日本對華從事侵略，不宣而戰，自不能享受國際公法所承認之交戰國權利。即第三國亦無擔任通常中立國義務之必要。縱令日本已取得完全交戰國之地位，其權利亦祇限於在公海上或敵國領水內，臨檢搜索中立國船舶，拿捕戰時禁制品，對敵國口岸作有效之封鎖，及其他為公認之戰時法規所許可之行動。日本絕無權利可要求中立國對於經由通常商務途徑運往敵國之任何物品停止其出口或通過。如任何中立國接受此項要求，該國即可認為已喪失其中立地位。如該中立國於禁止運往交戰國一方──某種物品之出口或通過時，而對以交戰國他方為目的地之同樣或類似物品，竟許以自由運輸，則其非中立性尤為顯明。

揆諸此項無可懷疑之國際公法原則，英國政府停止由緬甸路線運輸某種物品來華之決定，顯無法律根據而無可維護。

中國與緬甸之通商關係，係基於十九世紀末葉中、英兩國所訂之各項條約。此項條約，對於中、緬通商路線之維持與發展載有明確規定。該項通商路線，締約國之任何一方，不論在平時或戰時，均無權封閉。

根據國聯歷次關於中日衝突所通過之議決案，全體

會員國均應避免採取足以削弱中國抵抗力量之任何行動，致增加其在目前糾紛中之困難，並考慮各會員國個別援助中國之程度。依照日方之計劃，滇緬路禁運之目的，無疑的係在削弱中國抵抗力量與制止其他各國對中國之援助，英國政府如此執行日本之戰爭計劃，實已完全蔑視其以國聯重要會員國資格所擔負之義務。

故英國政府接受日方要求停止滇緬路運輸之決定，實已違反國際公法之原則，中英各項條約及國聯之歷屆議決案。

如有人以為中國通海貿易路線受有梗阻後，中國即將被迫而求和或竟接受日本所提出之任何條件，則判斷錯誤，無有逾於此者，我國長期抵抗侵略之戰爭，進行於種種重大阻礙與困難之中，其艱苦奮鬥可謂絕無僅有，但我國並未於任何一時期內感覺頹喪，三年來之困苦經驗，至少使我明瞭我意志愈堅支持愈久，我之目的愈易達到，最後勝利愈有把握，無論遭遇何種困難，我仍當勇往邁進，無論有負我者與否，我勝利之信念決不稍為動搖也。

三　向英交涉及其答覆

郭大使倫敦來電

民國二十九年七月十六日

重慶外交部。一〇八六號。十五日。本日晚訪政務次長，以政府名義面交書面抗議，內容另電。彼再三表示歉意，謂英方實出不獲已，但僅為遷延待時辦法，不妨害其將來之行動自由，無負我之意。祺告十二日晤賈德

幹後，已如是報告我政府，乃外長面告願中、日謀整個解決之後，復有新加坡代督之演說，停運議和相提並論，益使吾人懷疑憤慨，美國對此反感亦不少。政次答代督演說，英外部確未與聞，已由發言人聲明。祺謂非正式否認並重申英國之遠東政策，係基於九國公約與中國之獨立完整，將無以袪人疑惑。彼允商外長日內辦理。祺詢日方究有何議和表示？彼答無具體接洽。祺言此時中、日不能言和正與英、德同。如美國一面停止以物質援英，一面勸英和德，英方將如何感想？彼謂個人對中國抗戰及緬運各方面關係之大，與君意見確同，首相諸人若出此，均引以為痛云云。祺謂八年來致力增進中、英友誼，所有對我政府報告，總以英國重道義決不負我為言，此次英方處置，使祺痛惜深於憤懣。第一現視英方果能不負我否，最多三數月後可瞭然，如不幸使祺無以對我政府與國人，惟有引咎辭職，一面為對英之抗議。彼為動容，起稱不可。謂首相對華確友善，日內當約君一談，使君覺有保證云。英外部下午密約美國各訪員談話以謀緩和美輿論之反感，祺本晚亦約美訪員十餘人，密告抗議相助，請大部對國內新聞界亦非官式酌發消息。胡、邵兩大使之復電，仍盼逕電告，分途運用為荷。祺。

郭大使倫敦來電

民國二十九年七月十六日

重慶外交部。一〇八七號。十六日。一三四三號電敬悉。一〇八五號電計達，祺為對英、美輿論計，故就原

則上提出抗議與大部向英國大使所提照會符合。至關於
保留各節，祺當再晤英外長補充，並照尊電加以要求與
說明。按英方鑒於中、美反感及本國輿論，對日似已稍
變策略，即暫時停運，附帶日方與中國言和之諒解，意
在延緩。聞日方尚未接受，現日閣改組，新閣之軸心政
策益明顯，則英、日談判勢將受重大影響，甚或中止，
但亦有讓步更大之萬一可能。容續陳。郭泰祺。

郭大使倫敦來電

民國二十九年八月二日

重慶外交部。一一〇七號。一日。蔣委員長復邱電，昨
已面交賈德幹轉致。今日聞首相左右言，彼得電欣慰，
頗思有以補救云。又胡大使電詢美國救護車輛、藥品可
否通過緬甸，祺因併同林可勝所詢之汽油，復催詢賈德
幹謂，此問題如須取得日方同意，徒費時日，且實無必
要，英方應認為當然，一面電緬政府知悉。賈德幹答對
藥品、救護車輛可照辦，但對汽油雖於七月十二日與祺
談後即電駐日大使，迄未得復，當再催云云。祺謂，如
無汽油運送，其餘亦無用，此事應請堅決從速解決。又
謂日本日來廣捕英僑，英方應即重開緬路以為報復。至
東京路透社訪員之死，可謂為 Burma road Casualty，彼
默然。郭泰祺。

郭大使倫敦來電

民國二十九年八月二日

重慶外交部。一一〇九號。二日。極密。貴族院、下議

院先後開秘密會議，討論外交問題，緬甸路為主要題
目。政府所提理由，不外迭電所陳。聞外長對日本妥協
猶未絕望，以為可緩和激烈份子，增加銀行實業家力量
而避免正面衝突，首相則認為終不能避免，祇冀稍緩時
日耳。貴族院 Banterbury 大主教聞曾為強有力之助華
演說，所有發言除 Barnby 及 Sempill 二人外，均祖華，
即政府發言人亦未謀迴護掩飾云云。連日英方對日本逮
捕英僑事，反感頗烈，日內或有報復行為。祺為醫藥救
護所需汽油事，今日函英外部提議由緬甸政府再與曾次
長或我方其他當局派員前往，洽商一適當辦法，英外部
允即考量。又倫敦電影院現演映一斷段新聞片，為緬甸
路及蔣委員長像片與我國新式軍隊影片，在場觀眾鼓
掌，聲甚普徧，而英皇英后像片映出時，反相形見絀，
可見輿情之一斑。郭泰祺。

曾鎔浦仰光來電

民國二十九年八月六日

重慶外交部。緬甸政府頒發 Press Communique，略譯
如下：英、日協定禁止某某五種貨物由英運華，惟卡車
往來需用之油，不在禁運之列。本政府為履行該協定並
籌備海關防範起見，曾自七月十八日起，暫將滇緬通車
停止，只准卡車駛緬邊境。現籌備就緒，故運非禁品赴
華者，可照常通行，但須具保證，其重要者為只帶往返
需用之汽油及卡車回緬兩點，違者重罰，仰車主逕向海
關商洽，繼續運輸等語。我方事前已得此稿，故西南運
輸處本日已按手續向海關註冊卡車二百輛矣。帶油事亦

與海關另有訂約，臘戍邊境界，往返准帶二十五加侖，邊境至昆明一百四十。西南之車在國境所需裝存現不減稅之油，查此項差強人意，每日開車百輛，可省緬幣一萬盾，各機備有車輛者，亦已通知矣。卡車往來重慶，議而未決，香港汽車不在禁內，如欲往重慶，准帶足用之油，並得僱卡車裝油，但配車裝卡車上轉運，中航機原議每次來緬，准於臘戍回國時購八百五十加侖。昨 Bond 抵此，欲自交涉，已移歸自辦。謹報告並懇抄呈孔院長、張部長至禱。職鎔浦叩。六日。

郭大使來電

民國二十九年八月十三日

一一一九號。（三）祺催詢汽油事，（英）外長答因在禁運之列，須與日方商洽，但認我方要求為合理，尤盡力辦理云。（四）緬路開禁，祺謂滿期後，絕不可展期，如展期一日，則以後開禁必加倍困難，且為中、英輿論所不許可，與外長所言於英在原則上於中國在事實上為害最少亦不符合，且必須預告我，俾作準備運貨。外長謂深悉上述各節之重要，當予充分之注意云云。又彼日前告美國訪員團，（一）如在兩月內德攻英失敗。（二）或德不攻英，均將開禁云。

四　美國國務卿的聲明

外交部致駐美大使館電

民國二十九年七月六日

一六○九號。本部確悉英國為日方威逼緬甸停運軍火

事，正與美政府商洽中。現越南運輸全停，緬甸一路為
我生死關頭，諒為美方所深知，究竟美政府對於英方如
何表示其意見？希速探詢電復。外交部。

外交部致駐美大使館電

民國二十九年七月十日

駐美大使館，一六一四號，十日。一六〇九號電計達。
日方對英方答復認為不滿，正在咆哮，度將加重威脅，
我方切盼美方迅即有所表示，藉壯英國聲勢。美方似可
堅持其物資有自由運輸緬甸及中國之權，倘此項運輸因
日方之行動而發生障礙，則美國可對日本嚴格實行禁運
（包括鐵與汽油）。美苟於此時作此表示，敵不無忌
憚，英方亦不致對敵屈服，希迅與美政府密洽電復。
外交部。

胡大使華盛頓來電

民國二十九年七月十四日

重慶外交部。一一五九號。十三日。極密。奉 1614 電
後，又得郭大使電。即竭力向美外部陳說緬路危機，請
其設法挽救。聞昨日下午三時，外長曾對英大使有懇切
勸告，今日外部友人密致意，謂政府正考慮有效之挽救
辦法云，謹聞。並請轉呈蔣、孔院長。適。

附註：1614 去電，係日對英答復認為不滿，將加重威
　　　脅我方，切盼美方有所表示藉壯英聲勢由。電
　　　報科謹註。

胡大使來電

民國二十九年七月十六日

美外部今日發表聲明如次：「關於傳稱英國政府因日本之請求，將暫時禁止若干種貨物由緬甸運入中國一事，外長於答復報界詢問時謂：美國政府對於保持世界各地通商大道之開放，實有正當之關切，並認為類此之行動如經採取類如最近對於滇越路所採取之行動，將對於世界商業橫加不當之阻礙。」外長於答復關於英國運動中日和平一問時，謂美國政府對於遠東局勢，仍保持其多年來採取獨立自主途徑之慣例。

外交部致駐美大使館電

民國二十九年七月十七日

一六二四號。關於緬甸交通問題，經郭大使電由邵大使商請英駐蘇聯大使 Cripps，就英、蘇關係立場電其外部，阻止對日妥協，該大使允即去電。現美駐蘇聯大使不日離美回任，盼與執事及宋董事長子文一談中、美、蘇關係，希即洽談，並電復。外交部。

胡大使華盛頓來電

民國二十九年八月八日

重慶外交部。一一七四號。八日。關於安南事，顧大使連日有電來，均摘要告美外部。昨駐日美大使格魯訪松岡，詢問日、越要求真相，敵外務省昨晚發表簡報謂，外傳對法要求並不正確云。今日紐約時報駐日記者報告此事謂：據日方所言，滇越鐵路停運華貨之協商，原以

一月為期，昨日（即八月六日）滿期，日代表加藤現要
求越南當局繼續停運，外傳河內談判即指此云。適以該
報所記，似可注意，越路停運，以一月為期，此說向未
見記載，想係當時雙方約定不發表，故我方與英、美均
未知之，敵方得此讓步即轉而逼迫英國，英國不知越路
以一月為期，誤受其欺騙，故有緬路停運三月之協定，
右說陳供參考，故以奉聞。適。又一六二七號電敬悉。
陳主事已於七月三十一日離館。駐美大使館。

五　緬路解禁

胡大使華盛頓來電

民國二十九年九月十六日

重慶外交部。一一九〇八號。十六日。頃晤英大使，彼
云緬路期滿後開放，似應無問題。適。

郭大使倫敦來電

民國二十九年九月二十五日

重慶外交部，一一五四號，二十五日。請轉呈蔣委員長
鈞鑒：頃晤外長，彼亦謂日方最近在越南境內行為，造
成一新局勢，應與緬路重開問題併同考慮，惟尚未與首
相商談，故不能即答，但現僅三星期即期滿，華方似可
不亟亟。又謂請轉告蔣委員長，英方正力謀與華府在遠
東採取一致政策，此點與中、英兩方均極關重要，而對
緬路為我生命線亦甚了解，盼不日有以相告云云。查外
長與英外部態度確好轉，前因擇阿特里意退讓，祺除日
內訪阿外，擬請公親電阿特里，催促由卡爾轉達。關於

英、美、澳商談及越南新情勢與英、美南洋關係之鉅，
外長及祺與政次及祺連日談話相同，惟據外長告已電辛
克萊向日外省重申英方立場，認越南現狀已遭推翻，有
妨英國利益等語。又除緬路外，祺請英方亦物質助我，
外長答一時恐難如願。再祺昨告政務次長盼英方能增強
其在遠東之海軍，彼謂須俟將義大利海軍摧毀後，始可
辦到云云。祺。

外交部部長與英大使卡爾談話紀錄

民國二十九年十月三日　下午四時

在座：歐洲司劉司長

地點：新村官舍

事由：緬路重開問題

部長謂：最近據報，英國輿論贊成與反對重開緬路者成
二十與一之比例，此事現已刻不容緩，應請英
國政府勿再猶豫。緬路重開後，物質之意義，
尚不及其精神之意義，因此舉為對日對美之重
要表示，如不實行，美方對英國遠東政策之失
望，匪言可喻矣。

卡爾大使：謂緬路之封閉，由於美國之不能合作。最
近該路是否可以重開，美國之合作，當然
關係甚大。前次（本月廿九日）與部長晤
談後，即已急電倫敦，建議緬路重開為對
三國同盟表示反應之最易舉方法。個人看
法，深恐日方於最後提出折衷建議，要求
重開談判。

部長謂：如有此事，英方惟有堅決拒絕。

卡爾大使亦頗謂然。

部長趁便告知郭大使最近與英外部政次 Butler 談話情形，並謂郭大使除討論緬路問題外，並曾提及借款問題，Butler 答復頗為圓滿，希望卡爾大使加以贊助。除緬路重開與借款兩事外，中國政府尚冀英政府盡量供給軍火。卡爾大使一一記下。

郭大使倫敦來電

民國二十九年十月五日

重慶外交部。一一六一號。五日。 二九號電今晨始收到。昨夜與邱吉爾談話情形，已電陳介公，並請飭抄錄大部不另。緬路期滿重開，將於八日向國會宣佈。但邱吉爾敦請我方暫守秘密。祺。

附註：二九號去電，晤談時希告以英如不採取強硬政策，今日將愈益猖狂由。電報科謹註。

駐新加坡總領館來電

民國二十九年十月五日

重慶外交部。四三七號。五日。晨壇報三日評稱：滇緬公路之開放，似已不無可能，當英國承認封鎖三個月，原期日本努力與中國成立普通協定，但過去日本並無遵守諾言之誠意，反而武力侵佔越南，並與軸心國結盟，今遠東現狀已被打破，英國實無延長滇緬公路封鎮期限之可能，今後必然之結果，乃為英國更擴大援華，更密切與美合作及更力行的實施英蘇政策等語。又馬來論壇

報四日評稱：蘇聯報紙對日侵佔越南及德意日同盟之含默，似表示斯達林對最近日本動作保有限度之容忍態度，惟蘇、日接近之最大障礙物，仍為蘇聯之物質援華，斯達林或能容忍日本之南進政策，但決不能坐令日本佔領整個中國內地舉動，解消兩國間之緩衝地帶，且日本既堅持戰爭，使中國屈服，斯達林似無犧牲本國安全而利便日本侵略之理，因此蘇俄雖不公開與軸心國發展衝突，必試與民主國改善關係，則無疑現時極權國與民主國之外交爭奪，將招致成敗之後果等語。一併謹聞。總領館。

仰光華僑要求開放滇緬路運動大會來電

民國二十九年十月十一日

重慶外交部。國民政府暨蔣委員長鈞鑒：十月十八日為滇緬公路再開之期，謹悉政府據理交涉，無任欽慰。本大會茲代表旅緬卅萬華僑誓死作為後盾，並組織再開滇緬路運動週，以為響應，而彰美意，希望政府以最大之決心責成折衝，俾維法理而利抗戰。旅緬華僑要求開放滇緬公路運動大會叩。

附註：此電已代轉國府，未代轉蔣委員長，請歐洲司用公文送侍從室第二處。電報科謹註。

第四節　拉制泰國

一　日泰訂定密約

行政院秘書處函

民國二十三年七月十九日

奉院長諭：「准中央宣傳委員會函，為據報暹羅近與日本勾結，訂定秘密條約，殊堪注意，特函查照，轉行有關各部會予以注意，並請嚴守秘密，等由到院。除密函軍事委員會外，應抄送國防會職，並密交軍政、海軍、外交、內政、教育各部。」等因，除分函外，相應抄同原件，函達查照。此致外交部。

計抄送原函一件。

行政院秘書長　褚民誼

抄原函

「茲據報告，暹羅國自前年六月間政變以後，由新派人物主政，對內固有改革，而對國際上之轉向為尤顯著。以大體言之，王族方面比較上為親英。至新派人物則均傾向日本。而親日傾向尤以今年來為顯著。近三數月來，已暗中進行，與日訂立軍事協定，雖此際軍事協定訂立與否未能斷言，而觀察比來日、暹雙方之舉措，敢確言軍事協定之訂立，僅為時間問題而已。茲特舉要分別報告如下：一、關於軍事方面，（甲）近日暹羅國防部，佯稱向日造戰艦、魚雷艦各二艘，而事實上係與日本勾結，由日本指撥戰艦四艘與暹（聞正二月間出巡南洋一帶之磨磐號亦在內）。日、暹訂定秘密條件，據聞規定艦上軍官由日方派員訓練，該四艦以極低之代價出

測量一部份則逐日至暹外交部、內務部秘密活動。軍事、外交雙管齊下，徵以本月上旬，暹海軍在暹東南部薩德際府建築海軍根據地，每日僱用工人至千名左右，且聞此項建築工程極為堅固新式，而主持者又為日工程師，便可證明日方之目的所在。（按薩德際府在暹東南部，形勢險要，現暹海軍除建築軍港外，又築兩公路，一通春武里府，一通莊他武里府（即東南部前尖竹汶省之所要地方，由安南至暹亞蘭，有火車直達暹京，依照形勢觀察，顯係日人擬利用此處，以替代克拉斯峽軍港。）二、關於政治者，（甲）暹教育部近聘用日人為顧問，除厲行所謂強迫教育條例，摧殘華僑教育之外。又採用日本軍國民教育政策，即將嚴厲執行，據已經探悉者，暹教育部已規定凡學生由十五歲至十八歲即須受軍事訓練。訓練分三學期，初學期訓練兵式操，軍事學測繪軍事工程學，訓練時以軍律管轄之，並已聘定日軍事專家負責指揮。（乙）施用高壓政策，箝制報紙，不得洩露秘密消息，暹內務部所轄之書報管理廳，於本月十二日頒佈命令，禁止發表下列消息：關於軍事者：一、關於軍事上之各種策略消息。二、影響及全部軍人信譽之消息。三、其他挑撥軍界職官發生不安或對國家引起糾紛之消息。關於政治者：一、禁止刊載任何有影響及暹國與各條約國之友好之消息。二、禁止刊載任何國與暹訂有友好條約之國之具有敵對之消息。三、禁止刊登政府與各政府間之關於政治協定以及須守秘密之消息。如犯以上條例，引用書報律第十八條懲辦，罰款不過二千銖，監禁一年以下或兩者並施。以上所述為其舉

犖大端，其未曾洩露者尚多。」等語。查所陳各節殊堪
注意，為特函達，即希查照轉行有關各部會，予以注
意，並請嚴守秘密。」為荷。此致
行政院。

主任委員　邵元沖

二　日泰簽訂通商條約

駐日大使館東京來電

民國二十六年十二月十日

漢口外交部。第一七六〇號。十日。日暹通商條約，星
期在暹京正式簽字。大使館。

三　日派文化使節赴泰活動

軍事委員會快郵代電

民國二十八年六月七日

外交部王部長勛鑒：據報敵外務省及日暹文化研究所長
林銑十郎近合籌經費三萬元，派磯部美知博士、田中武
三及大屋原幸等三人為赴暹文化使節，過港時，據大屋
談稱：日方對華作戰以來，已動員二百萬人，現軍用品
之供給日感困難，倘軍事仍繼續進行，則軍源誠屬一大
問題，目前雖可由在華佔領區內獲得不少資源，但感不
易開發，且輕金屬甚少。暹羅儲藏輕金屬至富，此次赴
暹目的，在拉攏暹政府中之親日份子，使之掌握政權，
將來在暹組織物資運輸公司，吸取資源並開闢日暹航空
線，以廣州為中心站。此外更將鼓動暹民排斥華僑，以
期破壞暹羅華僑之抗日力量等語。即希研究破壞對策，

切實施行為要。中正虞川侍六。

外交部致駐暹商務委員辦事處電

民國二十八年六月十三日

駐暹羅商務委員辦事處覽：密據報，日方最近派磯部美知、田中武三、大屋原幸為赴暹文化使節，現已過港赴暹，日方近對暹之企圖有四：（一）拉攏暹政府中之親日分子，使之掌握政權。（二）組織運輸公司以攫取暹羅之輕金屬及其他資源。（三）開闢日暹航空線以廣州為中心站。（四）鼓動暹人排斥華僑，以期破壞旅暹華僑之抗日力量等情。其對暹羅在政治上及經濟上之企圖，顯日趨積極，仰即密切注意該日人等一行之言動，暨此後日方對暹之舉措，除設法防範外，並將該員對此問題之意見，隨時具報。外交部。寒。

外交部呈蔣委員長代電

民國二十八年六月二十三日

蔣委員長鈞鑒：虞川侍六第五○三號代電敬悉。遵查日方赴暹文化使節在港所談赴暹目的，首以拉攏暹羅親日份子，使之掌握政權為重，如其此項企圖告成，則所謂將來在暹組織物資運輸公司，吸取資源，並開闢日暹航空線各事，自不難次第進行，尤可利用政治力量，以期達到鼓動暹民排華，破壞華僑抗日力量之目的。查暹羅自民治黨秉政以還，頗有疏遠英、法忽視我國，近親日本，遠交德、義之趨勢。此項主張，以國防部長鑾披汶為中堅，迨本年一月二十九日暹政府拘捕企圖推翻現政

府嫌疑份子，多係陸軍人員，海軍無一人波及，以致陸軍之勢力大減，海軍之勢力大增。海軍總司令鑾信對日不甚信任，主張保守中立，民治派領袖鑾巴立亦表示贊同，故本年二月間，英派新加坡總督湯姆斯，法派駐遠東艦隊司令彼哥中將先後訪暹，備受暹政府之熱烈歡迎，頗召日人之疑忌，是暹羅外交政策，陽示保守中立，陰實依違兩可，此乃該國之環境使然，不足稱異。所可慮者，暹政府中現仍不乏親日份子，我方固已密令有關使領嚴為注意防範，而對於此次日本赴暹文化使節之活動，亟宜積極設法對付，以免疏虞，爰擬：

一、暹羅對外，現以保守中立為現在有力方面之主張，中、暹雖尚未成立正式邦交，而英、法與暹已較接近，似可分電駐英、法大使，令其向駐在國密洽，說明倘果如上述日人之預期竟使暹羅親日份子當權，固於我國不利，而英、法在暹之權益，亦必蒙損害。而開鑿克拉運河問題，暨暹、越邊界問題，在軍事上與英、法有深切關係，更為日本對暹挑撥拉攏之憑藉，請其未雨綢繆，電令駐暹使節注意向暹政府探詢接洽，勿任日本赴暹文化使節之狡計得售，藉以減少德、日、義集團在遠東之活動力量；一面與駐英暹使切實聯絡，隨時表示中、暹兩國民族在文化上、經濟上、血統上關係之重要，尤宜增進固有睦誼，使之日臻親密，而對於日本赴暹文化使節及其他一切陰謀，予以杜絕阻止，請轉達該國政府始終堅持中立不倚之公正態度。

二、關於日本赴暹文化使節在港之談話，業經電令駐暹商務委員注意防範，而對於該項談話末段鼓動暹人排華

一節，似可再行密電該委員，就地詳為探查，並與華僑各界緊密聯絡。究竟日人在暹活動情形如何？暹人是否可受日人鼓動？我僑界有無不良份子助紂為虐？如暹人有為日利用情事，應隨時與我有力僑紳設法疏解暨請暹政府採取有效方法，予以防止，一面電陳本部核辦；如我僑界有不良份子，應曉以大義，使之歸正，其情節重大者，可商請暹方令其回國。

上述由外交方面對付日本赴暹文化使節步驟是否有當？敬乞核示遵行。再關於日方企圖在暹組織物資運輸公司及開闢暹日航空線各事，似可由各主管機關審定對策實行，合併陳明。王寵惠叩。梗。

四　日泰密約條款大要

顧大使巴黎來電

民國二十八年八月十日

重慶外交部。一一六一號。十日。日暹密約十條要旨如下：（1）彼此商洽外交政策，互換情報。（2）遇有戰爭時暹羅保留其中立權。（3）日本軍事團駐暹，協助訓練軍隊及備軍事上之諮詢。（4）暹羅承受日本所公布之亞洲新秩序。（5）日、暹組一技術委員會，研究開闢克拉運河。（6）日本允於兩年內為暹羅造交潛水艇十艘。（7）合辦文化大學，增進兩國文化關係。（8）暹羅遣派銀行與實業團赴日商議經濟合作。（9）日派代表團赴暹羅相助施行該約。（10）本約應守秘密。顧。

五　日泰通航及續訂新郵約

駐泰商務委員辦事處呈外交部文

民國二十八年十月二十八日

竊查日本大阪每日新聞社與東京日日新聞社作全球飛行之日本號飛機，於本月十七日下午二時半，由仰光飛抵曼谷崙曼機場，蒞場歡迎者有暹羅空軍代表鑾亞救及空軍軍官暨駐暹日使領館人員，該機共載有 Envoy Ohara, Chief Pilot Nakao, Co. Pilot Yoshida, Operator Sato, Yaokawa, Mechanic Shimokawa, Engineer Saeki 等七人。暹國務院長鑾披汶之親信人現任經濟部商業廳長叨哇年於十七日晚設宴歡迎，並邀陸軍參謀總長披耶亞派等作陪，其專使對暹報記者否認中日有戰爭狀態存在，意謂此次中日戰爭，祇係中國事件，並拒絕發表有關政治問題之談話。查該機此次來暹，攜有日外相致暹外長函，同時暹外長亦託其帶回復日外相函，該機在暹停留兩日，經於本月十九日離暹飛臺灣，所有日本號飛機抵暹情形，理合備文呈報鈞部鑒核。謹呈外交部。

　　　　　　　　　　　駐暹羅代理商務委員　陳立彬

日泰通航協定簽字

民國二十八年十一月二十七日

（東京二十七日同盟電）外務省發言人稱，日本與泰國（暹羅）定期通航交涉，業已完成，由日本駐暹公使及泰國外長於今日代表簽字。此議一九三五年即曾考慮及之，及至一九三六年四月始進行談判，目下兩方談判既已完成，自可慶賀。兩國通航結果，不僅可以促進兩方

友好關係，且與日本此後空中活動之發展，亦有關係，殊堪重視，蓋泰國在地理上適居於歐、日航空路線中之要道也。

（東京二十七日同盟電）永井遞相頃稱日泰（暹羅）通航，不僅可以促進國際航空、交通，且足以發展兩國貿易，自「中國事件」爆發以來，泰國始終採取同情之態度，故兩國決定通航，大堪慶賀云。

外交部致駐河內總領事館電

民國二十八年十一月二十九日

駐河內總領事館。據同盟電日外務省發言人稱：日暹定期航空連絡協定已正式簽字等語。似此日暹航空必經過安南領空，究竟事先曾否得法國當局同意，仰即查明電復。外交部。

日泰簽訂航空協定

民國二十八年十二月二日

（東京一日同盟電）外務省發言人於十二月一日對外國記者宣布稱：日、泰兩國於昨晨十時在曼谷簽訂協定，開辦兩國訂期航空客運，該協定原定於二十七日簽字，復因手續關係，展至三十日舉行，現悉該線依照協定將於明年二月開航云。

駐河內總領館來電

民國二十八年十二月二日

重慶外交部。五九二號。一日。六一五號電敬悉，日暹

通航，十一月廿六日已試航，該機留此一宵，據越方表
示既允其試航，正式通航亦無不同意。總領館。

附註：六一五號去電，日暹定期航空協定已簽字，似必
　　　經過安南曾否得法同意，仰查復。電報科謹註。

顧大使巴黎來電

民國二十九年二月二十一日

重慶外交部。一三三五號。廿一日。一一八〇號電敬
悉，據法外部稱：日、暹經越通航，交涉已久，去年八
月，法原則上已允，嗣因歐戰禁外籍飛機經過法國領
空，日以中國飛機可在河內降落，要求平等待遇。近因
滇越鐵路被炸，法方乃聲明在日未擔保不再炸該路前，
此項要求礙難照准云。顧維鈞。

附註：一一八〇號去電，日暹航空聯絡，法方通告日
　　　方延期，詳情仰探復由。電報科謹註。

駐河內總領館呈外交部文

民國二十九年三月十二日

溯自泰國親敵排華以後，鈞部對於泰國情形深為關注，
本館因亦竭力注意，惟派人前往，深為不便，遂與此間
常有人往來泰國之某公司，約定請其得有消息，隨時見
告。茲據告稱：「（一）敵為企圖空襲雲南省滇越、
滇緬兩路起見，遂屬意於泰國北部 Chieng Nuai 地方之
軍用飛機場，擬利用該機場作為起飛之點，曾迭派人
Nishiura 等前往偵查（按由泰飛滇須經英法屬地領空，
中途阻礙極多，難以實現）。惟現在該機場並無飛機停

留。（二）敵因欲掠奪美國在泰商業起見，唆使泰國驅逐美國在泰之汽油公司，由泰國自己設廠提煉，敵方派技師八十名前往協助工作，原料由敵自南美運往泰國，結果所煉汽油非但不能供飛機之用，即用之汽車亦不見佳，現泰國當局已覺悟受敵欺騙，遂仍請美國汽油公司復業，美汽油公司請求賠償損失費五百萬元，此事迄今尚未解決。（三）敵泰通航，敵在泰鼓吹甚力，嗣以越南當局拒絕通過，不能實現。敵為粉飾顏面計，上月仍由臺灣繞越南海邊作直接飛行一次，以載油太重不能搭客載貨，第二次續航，迄今未能成行，坐上種種原因，敵在泰國之信譽已減損百份之二十五至三十。」等語。據此除嗣後得有消息隨時呈報外，理合具呈，仰祈鑒核。謹呈外交部。

駐河內總領事　許念曾　謹呈

日泰郵航機將在越南降落消息

民國二十九年七月七日

（東京七日路透電）法國駐日大使亨利，頃正式通知日政府，謂法駐越南總督已允令由曼谷飛東京之日郵航機飛越越南上空，因之本月十五日由東京飛往曼谷之郵航機，將在河內降落云。

陳守明盤谷來電

民國三十年六月七日

重慶外交部（代）四四號，七日。日現委出遞信省秘書橫田信雄 Nobuo Yokota 為首任駐泰交通專員，據日方

宣稱，此舉祇為使日、泰兩國在航空、海運及郵電等交通方面益趨密切，但據密報，日欲操縱一旦南進時全泰交通，故特委橫田駐泰，預先準備，又泰與蘇聯自重建國交後，泰近已調派駐法公使柏瑪赫統 Bahid Dhanu Kara 為駐蘇聯公使，並已徵得蘇聯同意。陳守明叩。

日泰續訂郵務契約

民國二十八年十二月十八日

（東京十七日同盟電）報知新聞稱：上月三十日泰代表在盤谷簽立協定，開辦兩國間航空客運。兩國郵政當局，最近又成立郵務契約，規定來往歐洲之郵件，經由盤谷寄遞之辦法。過去日本寄往美國之郵件，須用船隻裝載，經由檀香山寄遞，需時達十四、五日之久，郵費每二十公分須二又四分之一日圓。將來實行新辦法後，則可由日泰航線轉汎美航線寄遞，需時不及十日，郵費每二十公分僅須二日圓。日本與歐洲間之郵件，僅須一星期左右，自日本至盤谷郵費，每二十公分須六十仙，自盤谷至歐洲之郵費，每二十公分一圓零八十仙云。

六　日泰互派親善訪問團

駐暹羅商務委員辦事處呈外交部文

民國二十八年十一月三十日

竊查日本眾議院派遣議員十二人，連同暹羅留日學生監督 T. Yamaruchi 共十三人，組織赴暹善意考察團，經分兩幫來暹。第一幫乘西貢丸於十月三十一日到暹者，計有團員 Y. Furuchima, Y. Jakahachi 二人；第二幫由越

南乘車於本月一日抵曼谷者，計有團長 Y. Sakurai 秘書
J. Yamauchi 團員 Y. Yamakawa, R. Oichi. R. Yamamoto,
G. Limura, B. Ono, K. Sunaka, K. Susuki, Y. Yamano, M.
Kato 十一人。該團長對暹文報記者稱，此行係為報聘
三年前暹議員往日訪問，並無其他政治作用，於接見各
暹文報記者時，盛稱暹羅生產力之富厚，對於國務院長
鑾披汶備極推崇，但拒絕發表關於政治問題，該團於同
月十一日乘車經新加坡返國。

暹政府對於此次來暹之日本考察團，保護異常嚴密，凡
暹英文報記者或暹人欲往訪晤該團，應先得暹羅人民議
會議長之許可，再由宣傳廳派員會同往晤。該團在暹活
動情形與其行蹤，暹方嚴守秘密，報紙亦絕少發表，除
設法密查外，理合先行將該團抵暹情形，備文呈報鈞部
鑒核。謹呈外交部。

駐暹羅代理商務委員　陳立彬

駐暹羅商務委員辦事處呈外交部文

民國二十九年四月十三日

奉鈞部二十九年三月二十八日第九十五號電敬悉。查泰
國商業代表團，係由日本東京商會委託此間三井洋行請
其赴日觀光，船旅費由日方供給，始初報名參加者係有
七人，迨後三人不願前往，其實此次赴日觀光祇有四
人，經於三月二十八日起程，該代表團此行表面上雖是
赴日觀光，實係日人擬藉觀光之名，從中聯絡泰人，
使雙方感情日見密切，俾日貨在泰更得良好之銷路，
理合檢同該代表團履歷一份，備文呈復鈞部鑒核。謹

呈外交部。

附呈泰國赴日商業代表團履歷一份。

駐泰國商務委員　陳守明

中央執行委員會調查統計局報告

民國二十九年十月十二日

泰訪日親善團在敵京之動態

香港六日電。據敵領館息：泰國訪日親善團，現仍在東京，正與敵外相松岡談判軍事、經濟合作問題，傳敵曾向泰要求，在泰設立航空及海軍供給站，並要求利用泰國名義，向荷印及美國採購汽油、廢鐵，再由泰轉運日本云。

七　日購泰米

陳立彬盤谷來電

民國二十九年一月十三日

重慶外交部，五十九號，十三日。一八四號電敬悉。三井、三菱兩公司最近確有向泰國訂購大宗白米，總數秘而不宣，由泰政府所辦之泰米業公司承辦，該公司現有火礱八間，產量甚多，雖阻止華僑火礱與其交易，亦難奏效。陳立彬。

附註：一八四號去電，日三井、三菱向泰購米事如係實請，希設法阻止由。電報科謹註。

駐檳榔嶼領事館呈外交部文

民國二十九年二月八日

竊查日本過去輸入泰米，其為數極少，不足輕重，如去年八月份而言，在八月之第二週，日本輸入泰米僅二百九十擔，價值僅一千一百六十一銖，至十月份末週，輸入泰米量已大見增加，達三萬三千八百六十八擔，值十萬三千六百三十五銖。由十一月份起，則步步增加，此蓋由於日本國內米荒所造成。根據新加坡自由西報所載：日本十一月份物價之增加者，以米價之增高為最大，故造成生活費在十一月份突形增高，十一月份之米價較前增加達十一點一四巴仙，每擔米售日元四十五元，因此日本乃大量來泰輸出泰米，十二月份日本竟躍為泰米輸出第二位，取香港之地位以代之，本年一月份第一週商務廳之報告，日本輸出泰米仍為第二位，此種米市現狀之改變為大值注意者也。去年十二月份第一週，日本輸出已增達十萬六千七百十九擔，值五十三萬三千五百六十三銖，第二週再增加至十八萬一千一百九十五擔，值八十四萬三千一百六十六銖，僅次於輸出新加坡者，而在香港以上。本年一月份第一週輸出者仍達十六萬四千二百五十九擔，值七十二萬七千五百五十五銖。所有日本米荒向泰國採購大宗白米情形，理合具文呈報，伏乞鈞鑒，實為公便。謹呈外交部。

駐檳榔嶼領事　黃延凱

八　日在泰擴建軍事基地

外交部致駐泰商務委員會辦事處電

民國二十九年八月二十日

駐泰國商務委員辦事處。據傳日本向泰國提出要求：
（一）允日在泰建陸海空軍根據地。（二）允日利用鐵
路。（三）日泰締互助協定。（四）兩國陸海軍及經濟
密切合作。聞泰將派代表團赴東京談判。又泰國已陳兵
五師於泰、越邊境，要求越南歸返原屬暹羅之領土。各
等情，真相如何？仰密查具報。外交部。

駐泰商務委員會辦事處呈外交部代電

民國二十九年九月三十日

外交部鈞鑒：二十八年九月廿二日第六十一號電敬悉。
敵人五百名到暹北，企圖破壞滇緬公路，此間亦有所
聞，經查尚未有實據。近因暹政府排華，華僑多由昌
敦、緬甸赴滇，其中難免有敵人及漢奸冒充，乞轉當地
軍警機關嚴密注意。暹政府近日積極擴展民航事業，查
暹北夜豐頌府 Mae Hong Sorn 及夜速縣 Mae Sord 確建
有新機場，其他各處尚擬繼續擴建。暹政府對於所擴建
之飛機場，在表面上宣傳係為發展民航事業，其實係有
軍事作用存乎其間。至敵人借該地駐軍攻滇一節，將來
或有實現之可能，但照觀察所得，目前尚不至有如此之
妄動。容再密查續報，謹先奉復，敬祈垂察。駐暹羅商
務委員陳守明叩。陷。

葉德明檳榔嶼來電

民國二十九年十月十七日

重慶外交部。七八號。十七日。李主席本日離港。又據密報：泰西北邊境 Chiengai 附近，新到泰兵萬餘，沿途軍運殷繁，原有民用飛機場已加工改為軍用。日機三架，九日由越飛往偵察後，仍留該地。對滇公路恐有異圖。日人秘密赴泰工作者日多，潛水艇隊大半由日人指揮。泰軍艦現集中 Kohkut 島，與越海軍根據地 Kohlon 對峙。泰駐日公使向有親英、法嫌疑，八月間已召回。赴日訪問團，將留日辦理（似有脫漏）北馬加緊增防，又到英軍四千。葉德明。

檳榔嶼葉德明來電

民國三十年二月五日

近日泰京南岸日漁船突增至五十餘艘，極形活動，並有巡艦來往保護。曼谷港口亦有日艦出沒。又泰南之 Singora 沿岸趕築水上飛機場，有兩日人監工。又據密報：日除向泰要求軍事根據地及經濟合作事項外，並舊事重提，要求開闢泰南 KRA 運河權，以協助收回緬甸失地為交換條件。

駐法國維希大使館電

民國三十年三月三日

殖民部消息：日在泰國集中大批飛機與軍用材料，以便北可攻新加坡，轟滇緬路，南可攻新嘉坡。

駐檳榔嶼領館來電

民國三十年四月十四日

重慶外交部。一一○號。十四日。一六號電敬悉。合眾
所傳一節，尚未得確實消息。惟據密報，日人及泰軍事
當局最近前往泰北者益眾。前駐泰東北邊境部隊一部
份，已調往泰北 Chiang Mai 及 Chiang Rai 等處佈防，
Muang Frand 近亦開闢機場，由日人監工，又日方已取
得泰南 Sura Tradani 以南各地鎢礦開採權，泰政府並允
日商三菱公司開採 Noradhavad 金礦。又據消息靈通方
面稱，南京偽組織駐日大使曾與現留東京談判泰越停戰
協定之泰方首席代表商談，要求泰政府承認南京偽組
織，上月泰政府與華中電報公司簽訂合同，傳係承認偽
組織之先聲。又上月日本首相、外相答復泰國務院長賀
電，曾公開宣稱，今後泰國參加日本之東亞共榮工作等
語。泰方迄未加以否認。領館。

附註：一六號去電，西貢日本之轟炸機已飛泰北事確
否。即查復由，電報科謹註。

九 泰國的立場

日本對泰政策

民友報轉載自一九四○年十二月份泰文海軍日報

一個有基礎於遠東方面及日本南進政策下之重要
國家——泰國。在各種論調中，吾人認為最適當者厥為
Christian Science Monitor 記者 W. H. Chamberlain 之作品，
氏曾駐遠東四年，渠對英日之批評頗合乎事實，亦極公
正，茲譯其作品大意如下：

　　泰國絕不能避免為列強間競爭之軸心，泰國已受英殖民地三面之包圍，因此英國掌握了泰國國內之經濟，泰國財政部顧問為英人，泰國現有少數之外債亦係借自英國，泰國境內膠、錫、木之出口商，英人亦佔重要部份。在近幾年期間，尤其在人民黨發動革命以後，日本即現身於泰國，逐漸成為英在泰勢力之「挑戰者」。

　　人民黨為泰國唯一新政黨，而其具有重要革礎之海陸軍青年軍官，為日本所廣大歡迎，此種有趣之說法，也許可成為事實，蓋日本已曾擬以資本及技術贊助泰國開掘克拉運河。

　　克拉運河在戰略上及經濟上所具之意義，以英人之眼光而言，最低限度亦足使英方感到不愉快，勒文上尉於下議院辯論時，曾發表其對克拉運河之意見稱：「……如此之後門，足以幫助使各型艦隊襲擊新嘉坡之側，因此，關於克拉運河之開掘，絕非對該河之主人一國有利益而已。」

　　倘克拉運河開掘成功，新嘉坡經濟利益必受絕大損失，現有通歐洲之海航線亦將縮短六百英里，若然，則曼谷與西貢或可獲得商業利益之增加，而此種利益之反面，即係新嘉坡利益之損失，惟事實上該運河並未開掘，筆者於一九三六年秒訪曼谷，對該運河探詢所得到之答復，均係否認者，即泰外長、日駐泰公使……等等亦為否認人之一，泰國當另有其本身之見解。

　　日本對泰貿易有極迅速之增加，如一九三二年貿易總額為 8,000,000 日元，一九三六年增至 43,000,000 日元，泰國海軍軍官被送往日本再求深造，並向日、義二

國定造小型戰艦。

　　泰國為國聯中，不反對九一八偽滿事件之僅有一國。

　　日大學教授三原被聘為泰國植棉顧問，專研究泰國植棉數量之增加，此舉有兩種目的。

　　一、可充足日工廠之原料，使日本無須再費心往別處找尋原料。

　　二、平衡泰日貿易，蓋目前係日本佔優勢。

　　惟無論如何，以另一種看法，泰國各種事業之發展，亦顯出未完全陷入日本之勢力範圍內，如關於商業方面，最近之調整稅務，明示新條例中亦有使日本不感愉快之條文，泰國之受英領導參加世界膠、錫限制集團，亦為對日不良之動態，要之，日商在曼谷設立之糖廠亦告倒閉，因此，吾人之視察中可以說日本在泰投資，未有鉅大者。

　　今日之泰國，在新政體之下，其愛國精神已極普遍，筆者曾以泰國為何以鉅資購買飛機、戰艦及其他軍械，詢諸曼谷導遊人，渠答稱：「請閣下視察阿比西尼亞所發生之事件，故吾人必須準備抵抗外來之侵略云云。」

　　由於泰人之有上述精神，泰國當不願意受任何統制者如英國及其他強國之領導，泰國之聰明在於能接受他人之指導。吾人可進一步言之，泰國決在不久之將來，必排除現存之少數外國顧問，同時，亦必將全部商業投資及商業方法多轉給予其本國人。

　　總之，泰國國家主義之生產人，決不願意其國內政治受西方人把持或日本人把持，新泰國惟有推進其獨立

自由使益臻鞏固而已，泰國雖願意接受日本技術上之贊助，但無任何之動作將本身導入於島國「盲目友人」之南進政策內者。

　本文雖係張伯倫先生在一九三七年所寫，惟迄至今日尚未失其時間性，氏當可說對泰有相當認識。
（轉載自十二月份海軍日報）三十年四月二十六日譯

日對泰政策的分析

民國三十一年五月十七日

（倫敦十七日專電）民間消息靈通方面近獲悉：日本對泰政策之明顯趨勢如下：（一）以土地賄賂泰國，促其在緬協助日軍作戰。去年十二月，東京宣佈佔領泰國以北之緬甸撣部，迄本年一月，泰方復宣佈在該區獲得大捷，二月間東京證實泰軍已在渡邊作戰，致原駐該區之日軍得以他調一部，日本似已預示將以撣部讓泰，以酬勞泰國參戰及對日採取經濟合作。惟泰方所要求之馬來亞北部各區，日方似不願放棄。（二）東京正增加對泰國之控制，致泰人怨恨日本之情，益見高漲。現東京顯已假手鑾披汶之傀儡政府，採取姑息政策，以鎮壓泰人之不滿情緒，或公開之革命。東京加強控制泰國之方法，係一面加強經濟上之開發，一面增強對泰政府之統制。鑾披汶顯在東京之唆使下，鼓勵其人民努力耕種，為日本生產食糧與日本紡織工廠所需之棉花，另製造木船以應付日方航輪之缺乏，泰國曾頒佈所有國民必須工作之法令，惟工資反而減少，此種高壓手段之經濟開發政策，使泰國所受之待遇，無異於其他日本佔領

區，致損及泰國之國家尊嚴與民族自覺。

十　日泰締結攻守同盟條約

條約內容

民國三十年十一月二十一日

關於日泰同盟條約成立之情報局發表：

關於日泰同盟條約之締結，日前十一日已在我坪上大使與鑾披汶泰國首相間，於原則上獲得意見一致，其後關於條約案文之製作復進行交涉，因已獲妥決，且已完成國內手續，故已於本二十一日午前十時，（東京時間正午）在曼谷於坪上大使與鑾披汶首相兼外長完成日本、泰國間同盟條約之簽署，條約內容如次：大日本帝國政府及泰王國政府確信東亞之新秩序建設，乃東亞興隆唯一之方途，且為恢復增進世界和平之絕對要件，故於茲以滌除根絕成為其障礙的一切禍根，確固不動之決意，協定如此：

第一條：　日本國及泰國在尊重相互之獨立及主權之基礎上於兩國間設定同盟。

第二條：　日本國及泰國與一或二以上之第三國間發生武力紛爭時，泰國或日本國應立即以同盟國資格幫助他方，藉一切政治的、經濟的及軍事的方法予以支援。

第三條：　第二條實施之細目，應由日本國及泰國有權限之官憲間協議決定之。

第四條：　日本國及泰國誓約在協同遂行戰爭之場合，苟非根據相互間完全之諒解，不得從事休戰

或媾和。

第五條： 本條約應於署名同時實施之，且規定有效期間
　　　　 為十年，締約國在本期限滿之前，應於適當時
　　　　 期關於本條約之更新協議之。

（曼谷二十一日電）根據日泰攻守同盟之精神，
日、泰兩當局間為於軍事、經濟、文化一切分野圖謀協
力，正進行協議中，且已於日前十五日，在兩國間成立
軍事、經濟、文化各委員立即開始活動，因此日泰間已
更行增加友好緊密關係，而向共同之目的而邁進。

（又訊）關於日泰間攻守盟條約之簽字，三十一日
午後二時半，外務省發表東鄉外相談話如次：東鄉外相
談話：帝國與泰國同為東洋民族之國家，而已久遠聯結
於傳統之友好關係，且為增強此種關係起見，故去歲六
月，兩國間已締結友好和親條約。及至本年，由於帝國
之調停而和平解決泰、越國境紛爭，因此泰國多年夙望
之恢復失地，除獲得成功外，日、泰間並曾締結關於政
治諒解之議定書，兩國之關係則已頓加敦厚。一方泰國
多年均成為英國之政治的陰謀及經濟的榨取之對象，因
其黑暗而感痛苦，鑾披汶現總理，恆提倡泰國之自主，
企謀藉與帝國之提攜而達成其目的，且已致力於日泰友
好關係之增進及其緊密化。十二月八日，帝國甫開始對
美、英作戰，政府立即使坪上大使，關於為排除英國之
侵入泰國，請承認日本軍隊通過泰國一節，與鑾披汶首
相折衝，總理洞察大勢，容納帝國之提議，而於即日成
立關於軍隊通告之諒解。其後，為繼此而使兩國關係適

應新事態，且更行推進至強固友好之緊密關係起見，坪上大使故復與鑾披汶首相進行交涉，由於鑾披汶首相之一大勇斷，關於日、泰間締結攻守同盟，遂於十二月十一日獲得意見一致。爾後，復確定條約案文，且完了國內手續，故茲已於二十一日午前十時（日本時間正午）在曼谷宮殿內，於坪上大使、鑾披汶總理兼外長間簽名告竣。因此，在大東亞歷史上，劃期兩同盟條約，遂告成立。值茲遂行決定東亞千年運命之大東亞戰爭時，泰國新以盟邦資格而已，闡明決與帝國共同遂行本戰爭至勝利上之決意，為世界新秩序建設及東亞之興隆計，實不勝慶賀之至。

（曼谷二十一日電）誓約日、泰兩國作密切之軍事協力之日泰攻守同盟條約簽字式，已於二十一日午前十時，在新盟邦首都曼谷之王宮內普納克寺院內嚴肅舉行，而在我坪上大使及泰國鑾披汶首相間，各於條約及交換公文完成署名簽字，兩代表並各致詞如次，而日泰友好親善關係，已於茲更行奠定強固之基礎也。

坪上大使：本日以壯嚴之儀式簽署日、泰兩國間之同盟條約，誠為日泰友好史上劃期之事實，實不勝慶祝之至。本同盟條約之成立，乃結合亞細亞精神之一大歷史的事實，余深信泰國及日本間由於本同盟條約之締結，已完全一心同體為達成崇高之目的而邁進無疑。

鑾披汶首相：本日舉行之日泰同盟條約之締結，在日、泰兩國國交上，實具有極嚴肅之意義，兩國之親善關係，雖已歷數世紀不變，且更加緊密，但目下之國際情勢，在大東亞已須建設新秩序，實現共榮圈，進而恢

復世界和平，故余除深信本同盟必將召來東洋之和平及
堅實之發展外，同時切望藉此而達成兩國對東亞之和平
及繁榮之希望。

（錄自三十年十二月二十一日東京廣播）

鑾披汶的談話

民國三十一年二月四日收日本播音

（曼谷二日電）鑾披汶首相於二日接見日本記者團，關
於因對英、美佈告宣戰之泰國新職司及隨此而有之國內
問題，極率直披瀝如次：

為建設東亞新秩序，且為將泰國前與日本締結之軍事協
定加以具體化起見，泰國故已參戰，對英、美佈告宣
戰，其目的乃在盡力速將大東亞戰爭導至吾人之勝利。
在大東亞共榮圈內，泰國今後究將完成如何之職司，此
將根據與日本之商談而決定，余認為現在之內閣，乃為
已增強之戰時內閣，蓋余已兼任外長及國防部長，此外
並擁有軍事上之最高司令官。泰國今後之政治、經濟政
策因之乃附隨大東亞共榮圈建設而發生之問題，故此亦
將根據與日本之談判而決定，舊臘曾經由無線電對蔣
介石促起反省，余認為現使中國人了解日本現正進行
之「亞細亞人建設亞細亞」之行為，乃余最大之責任，
最後祈禱日本於大東亞戰爭獲得勝利，並祈願日本以
亞細亞盟主資格在各方面引導全亞細亞至幸福之境。

日使坪上談話

民國三十一年十一月收日本播音

（曼谷二十日電）茲值近接二十一日之日泰攻守同盟締結一週年紀念日之際，坪上大使回顧過去一年日泰關係之躍進與展望將來，茲披瀝如次……日、泰兩國締結攻守同盟條約決非事出偶然，自以往兩國之關係觀之，兩國指導者俱有良好感情，換言之，同盟之成立，以過去兩國關係之歷久乃屬必然之事，過去一年日、泰兩國國民均站在同一之戰線，蓋日本軍進擊馬來、緬甸時，泰國政府確保後方之兵站線及提供作戰基地，貢獻甚大，而泰國軍隊復與日本軍相呼應，協同攻擊。此外泰國政府輸出大量米穀以解決我糧食問題。日本為援救泰國通貨之不安，曾與二億圓借款，兩國在金融關係上，亦確立共同之陣營。至於文化方面，則締結文化協定。根據上述之事實，縱有任何宣傳，亦不能使日泰關係有鬆弛之處，在過去一年間，我作戰之成績蓋信我陣營之鞏固，而英美之必敗乃屬必然之事。惟日本國民決非對過去之勝利而滿足，日本之目標乃最後之勝利，故勝必覆滅美、英之生根，乃謂真正之勝利。過去之戰事不過序幕而已，今日日、泰國民所關心者，厥為如何殆克爭取最後之勝利耳。為求戰爭必勝，日、泰兩國民究作如何所謂共盟作戰，絕非局限於同盟國軍隊之統一戰線之謂也。蓋近代戰乃一總力戰也。諸凡經濟、文化、資源、食糧均應密切協力培養，而兩國國民均抱犧牲之決心，堅決之意志，協力作戰，乃克有濟。

十一　日泰借款協定要綱

協定要綱

民國三十一年六月十九日（東京朝日夕刊登載）

（一）日本銀行同意從本協定締結之日起，五年以內以日本通貨總額二億圓為限，貸與泰國財政部。

（二）泰國財政部依上條規定，借款時應將所借款項，用泰國財政部名義活期存放日本銀行。

（三）泰國財政部得將上開存款支出而購買日本銀行之黃金。

（四）泰國財政部對於上開借款，應向日本銀行繳納年利三分半之利息。

（五）泰國財政部借款以後，從本協定締結之日起五年以內，得將所借金額作一次或分次隨時償還。

（六）本協定所規定，關於借款期間及償還期間，得依日本銀行與泰國財政部之協議延長之。

關於日圓決算之日泰協定綱領

（一）泰國財政部在日本銀行總行開設活期存戶。

（二）泰國財政部施行統制外滙，得依上開活期存戶之存數或透支辦法收買或出賣日圓滙票。

（三）日本方面銀行為使在泰正常之交易圓滑起見，如有要求時，泰國財政部依泰國法律規定，無論何時將上開透支之數，按與日圓等價滙率供給泰銖，又將存數之數，按與日圓等價滙率收納泰銖。

（四）規定上開存戶之結算，因依第二、三兩條規定滙

出日圓致不敷泰國財政部所需用之款額時，日本
銀行得照追加協定所定之限度，允許上開活期存
戶透支。

（五）本協定從泰國統制外滙實施之日起施行。

十二　日本積極拉攏泰國

日泰會議成立協定消息

民國三十一年五月二十五日

（曼谷二十五日海通電）據日泰會議二十五日發表之公
報聲稱：日泰兩國對於推行戰事與建設東亞所應採取之
各項步驟，已獲得完全之協定，此項協定係根據兩國所
一再聲稱之團結，與其對最後勝利之信心而成立云。日
泰會議係四月二十三日在此開幕，代表日方出席者為大
東亞事務大臣青木一男，代表泰方出席者則為總理鑾披
汶及外長范達康。

關於馬來數州編入泰領的日泰條約全文

民國三十二年八月

（東京二十日同盟電）日泰條約全文如次：日本國、泰
國間關於馬來及撣部地方之泰國領土條約，大日本帝國
政府及泰王國政府以兩國緊密協力完遂對英、美兩國之
共同戰爭及建設以道義為基礎之大東亞之不動決意，締
結條約如次：第一條，日本國承認泰國將吉冷丹、丁加
奴、吉打、玻璃市各州及附屬各島嶼，編入其領土。第
二條，日本國承認泰國將撣部地方之景東及孟班兩州編
入其領土。第三條，日本國自本條約實施之日起，應於

六十日內停止其現於前二條規定地域內所執行之行政。
第四條,第一條及第二條規定之地域,以本條約簽字日
之州境為根據。第五條,實施本條約上必要之細目,由
兩國主管官憲間協議決定之。第六條,本條約自簽字之
日起實施。

泰撰致東條書及坪上的談話

民國三十二年六月二十四日

（1）泰撰函謝東條允作新協力

　　東條首相已於第八十三臨時議會劈頭之施政演說
中,對於泰國表明「有對該國作新協力用意」趣旨之帝
國所信,而予泰國朝野以莫大之銘感,鑾披汶首相茲代
表泰國全國民寄來披瀝感謝之意之書函,因此戴勒克駐
日泰國大使故於二十二日午後五時,赴首相官邸訪問東
條首相,傳達書函,鑾披汶書函及東條致書如次:

　　鑾披汶首相書函:茲以泰國國民之名義,余謹對閣
下在帝國議會舉行適應現下時局甚為適切之一般施政演
說之舉,表明深切之謝意,蓋我亞細亞諸國素為異民族
所支配,致使亞細亞不克發展成為文明之大陸,而久
遠熱望確保完全之國家主權及獨立,茲蒙閣下及日本國
民,決為亞細亞諸民族獲取國家的獨立,因此亞細亞民
族全體深為感謝,且一如閣下所知者,已在各方面竭盡
全力協力,閣下及日本國民關於閣下演說中對泰國之部
份,余謹對閣下確言全泰國民深為感謝,蓋閣下所謂之
主權、獨立及國家之將來,實為泰國國民所最關心者,
今日之事跡,即為明日事跡之基礎,茲以閣下有更加促

進泰國更大發展之決意，因此余之胸中，關於泰國將來之發展毫無疑義，充滿欣喜，同時並具有迄至最後勝利，必為戰爭之遂行而與閣下及日本國民協力之堅強決心。

首相致詞要點：茲蒙鑾披汶首相特致懇切之書函，謹茲表示感謝之意。大東亞戰爭勃發以來泰國已在鑾披汶首相統率下協力帝國，收穫莫大成果，此實為帝國深切感謝者。目下接獲鑾披汶首相來函，故更為感謝對泰國之主權及威嚴之尊重，乃帝國之不動方針，今後亦必堅持以進，自不待言。至於使大東亞諸民族恢復本來面目，實為大東亞戰爭之目的，且為帝國之終始一貫不變之目的，此項目的已隨同戰爭之進展而著著具現，鑑於于泰國對於帝國真摯之協力及宿望，故前持闡明有作新協力用意之趣旨，且今後必將逐次實現也。

（2）日駐泰大使在革命紀念日談話

（曼谷二十三日電）際此泰國革命紀念日，坪上大使發表大要如次之談話：「在西南亞細亞之一角，於十一年以前，自苟安之夢中醒來之泰國，盡力使自國近代國家化迄至今日，均努力於內政之改革，軍備之充實及文化之向上，而有顯著之發展，過去十一年間之飛前之飛躍，實為泰民族一千年歷史上空前之事，泰國今日之興隆，並非率然所成就，其裡面必有許多之冒險事實，十一年前之六月二十四日，泰之青年志士，蜂擁蹶起，泰國遂為此等青年政治家所領導，其後亦已有二事賭國運，一為泰越戰爭，一為此次之大東亞戰爭之參戰。日本與泰國，現正為覆滅英、美之壓迫，而賭國運從事戰

爭，苟此次戰勝，則東亞全民族可享受無限之自由與繁
榮，萬一戰敗，則將回到黑暗時代，至少須做盎格魯撒
克遜之奴隸五百年，東亞民族之運命，完全靠此一戰，
苟欲興隆，必須冒險，無冒險勇氣之民族，乃為亡國之
民族，日、泰兩國之發展過程，雖有七十年與十一年之
不同，但打開國運之勇氣則完全相同，希望泰國民拿出
過去之勇氣，向貫澈大東亞戰爭邁進。

第五節　英日簽訂處理中國海關協定

一　英日在華勢力之互相諒解
駐日大使館東京來電

民國二十六年五月五日

南京外交部。九七九號。五日。並轉許大使，日、英合
作事，重心在倫敦，此間難探真相，本日朝日載上海特
電，標題英駐華大使反對對華日、英合作，其理由：
（一）日本無冒戰爭犧牲對華北積極活動之意。（二）
英對華經濟猶能著著成功。（三）對中、日調整無大期
待，故日、英對華無合作餘地，而中、日關係發展，有
使抗日轉變為抗英之虞，又謂中國方面以為：（一）無
美國協調，日、英提攜為不可能。（二）日本對華如堅
持特殊地位時，與英、美難達協調。（三）對中、英合
作，英有成功自信，如日、英對華北走私成立妥協，
致啟分割中國之端，將予反對希望利用英國協力以解
決華北問題云云。故觀察現在情勢於日本不利云云。
駐日大使館。

駐日大使館東京來電

　　　　　　　　　　民國二十六年五月二十日

南京外交部。九九六號。二十日。並轉許大使。日、英
會商問題，今日讀賣、日日均有重重記事，讀賣載會商
指標，除對英設定信用資金外，對華在互相了解立場，
共同對華為財政援助，至對於中國加入會商主張，則認
為無必要云。日日載外務省訓令吉田內容：兩國相互尊
重既得權益，英承認偽滿存在事實，及日對華北之特殊
關係，日本承認英對華南之地位云。又謂交涉前提，日
本將闡明對華北及全中國毫無領土野心，交涉成立後，
日本大陸政策可得英國諒解，對華財政援助亦可積極進
行云云。駐日大使館。

二　英日簽訂處理中國海關暫時協定
駐日大使館東京來電

　　　　　　　　　　民國二十七年四月二十七日

漢口外交部。二十七日。三四六號。三四二號電計達。
此事英大使與堀內今成立最後諒解，三十日交換公文，
在東京、倫敦發表。其內容，據朝日載：（一）外債擔
保額算定標準。（二）稅收由正金銀行保管。（三）外
債償還按金鎊計算。他報載並規定海關監督由偽組織任
命。又載偽組織將於五月一日接收江海關。又河相談美
人吉木斯案，仍拘留中，詳情尚待調查，該案與國際無
關。大使館。
附註：三四二號來電——駐日英大使與堀內交涉滬海
　　　關問題事。

郭大使倫敦來電

民國二十七年五月二日

外交部。七九號。二日。海關協定已於今日午後在東京簽字，英政府本訓令駐日英大使稍延數日，俟中政府表示意見後簽字，嗣又接英大使電稱，據外務次官告如五月一日不簽字，恐在華日軍有直接行動之危險，請英政府准其便宜行事，英外部又電復照准，英方並謂此協定在目前狀況下於中國有利，我方雖不受其拘束，可保留以後一切行動自由，但盼我方不加積極反對，協定全文三日晚在東京、四日晨在倫敦發表。祺。

駐日大使館東京來電

民國二十七年五月二日

漢口外交部。五五七號。二日。朝日載：日外省觀察日、英間對海關問題之諒解，並不能認為英國親日政策之表現，正與英大使赴重慶、漢口不能認為對華援助之具體化相同，英國現實外交要在如何擁護其莫大權益。大使館。

三　中國為英日簽訂「海關協定」發表聲明並致英照會

我政府某要人　對關稅事重要聲明　法律上我不受英倭協定約束　對於變更現狀僅留一切權利（中央社訊）

關於五月三日所發表英、日兩國所訂中國海關之協定，頃據政府中某要人聲稱，英、日兩國所訂立處理中國海關暫時協定，我政府對之殊覺遺憾，查英政府締結

此項協定之動機，雖在求保障外債持票人之利益，並以維持海關組織之完整，但海關為我國行政機構之重要部份，未經我政府同意，英、日政府遽行訂立協定，而日本且正在對我進行其侵略，此我政府尤深表遺憾者也。查該協定中可駁之處，雖不欲一一加以批評，但此項協定，勢將影響海關擔保債務之地位，則不得不特予指明，蓋原協定對於海關擔保之債務，僅提一部分，予以優惠待遇，而對於其他債務，如內債之類，則不提及，是將擔保此項債務稅款之用途，聽其移轉，殊為失當。又該協定將現存中立銀行之稅款，轉存於敵國之銀行，雖此項稅款，係由被佔區域之上海及其他進口商埠所徵收，然實際係為我全國各地消費民眾所繳納，存於敵國銀行，勢將益助長其侵略之行為，尤無疑義。且我國關稅於擔保內外債持票人利益之外，對於各國庚子賠款及一九三一至一九三三年美國救災棉麥借款等項，亦負有擔保之責任，我政府對於上項債務，向本負責履行，故凡屬海關擔保之各債，無論在任何困難情形之下，均按期償付，從未愆期，久為中外所深知，此研究該協定者，尤應特予注意之一點。並查日本破約毀信之舉，業已屢見不鮮，即如上年秋間，對於津海關之稅款存提辦法，嗣竟違約扣留，不肯攤解債額，由此以觀，則雖與彼訂立任何協定，未必即屬可恃，甚為顯然。總之，我政府在法律上，絕對不受該協定之束縛，對其變更海關現狀之舉措，保留一切應有之權利，及採取任何行動之自由，此不得不預為聲明者也。

（錄自武漢日報民國二十七年五月六日）

致英大使卡爾照會

民國二十七年五月六日

逕啟者：中國政府茲悉英國與日本政府業已訂立關於中國海關的某種辦法。不論英國政府訂立此項辦法具有若何動機，而兩外國間未經中國之同意，將中國行政上的重要部分即海關問題，作為協定之標的，殊為遺憾。中國政府於此願向英國政府提醒其所為之正式約言，即不與他國訂立損害中國主權及行政完整之任何條約與辦法。

現中國政府不得不聲明：英國與日本政府訂立之關於中國海關的辦法，中國絕不受其拘束，並保留對於海關的一切權利與行動之自由。本部長順向貴大使重表敬意。

此致英吉利國駐中華民國特命全權大使卡爾爵士　閣下

中華民國二十七年五月六日

第三章
美國中立法案禁運法案
及野村談判

第三章　美國中立法案禁運法案及野村談判

第一節　美國修正中立法案

一　畢特門提出修正中立法草案

胡大使華盛頓來電

民國二十八年三月二十日

極密。廿電悉。畢特門提案今晚尚未見全文。昨晚弟訪外部友人，亦指出畢案似於我國不利，友謂畢君實只欲乘機推動此問題，畢對華素同情，當請其注意云。參院所提修正案有五件，畢案只其中之一，參院外交股廿二日開會討論，七日來美政府領袖充分利用歐局為促進外交形勢打破孤立主義之利器，同時反戰孤立分子亦將用全力維持中立法，以為孤立論之最後壁壘，故此時所爭乃在根本原則，而不在細目，弟正日夕注意，當續報告，此電乞鈔送庸、亮及布雷諸兄。適。咢。

胡大使華盛頓來電

民國二十八年三月二十四日

重慶外交部。八八〇號。二十二日。國會參院外交股今日開始討論中立法，提案共五件，最詳盡者為畢特門案，全文昨印出，其中於我國最不利者有四條：（一）此案包括不宣之戰，故可適用於中日之戰。（二）此案偏重歐局，故凡用現金，而自有船舶裝運之國家皆可在美買軍械及原料，原意在援助英、法，而亦可有利日

本，而大不利於我。（三）禁止美國船及美國人往戰爭區域，若嚴格解釋，美國須召回在遠東之砲艦、巡洋艦等。（四）交戰國完全不能在美國發售價券及借款。以上各點，均於昨日向外交部友人說明，並擬即向提案人說明。輿論對畢案不甚熱心，紐約論壇報社論直說修正不如廢止。今日下午得密報，政府示意不願畢案成立，而願魯威斯修正案成立。魯案共兩點：（一）一九三五年以來之各種中立法規。（二）外國戰爭與美國無關時一切中立政策，應由總統簽證，以命令施行。右電乞鈔送陳布雷、王雪艇二兄至感。適。

外交部致駐美使館電

民國二十八年三月二十五日

駐美大使館。一三〇六號。廿五日。八八〇號電昨晚始到。畢案之對我不利果如此間所預想，此案通過後，我方輿論必大譁，現各報已表示極度不滿，務望立即親向或轉向提案人懇切說明對我不利各點，以期達到撤回原案目的，同時向羅總統或赫爾為同樣之說明。總之，不論何種提案倘不分侵略者與被侵略者，不如廢止現有法規或任其存在。又修改案不應僅以未來之歐戰為對象，而對太平洋局面不予顧及，現在討論中之其他提案四件亦盼電告內容，並應本上開意旨予以研究，並採取必要行動。來電所述魯案第一點中立法規下有無漏字，第二點亦不明瞭，希再電告。外交部。

胡大使華盛頓來電

民國二十八年三月二十八日

孔院長：畢特門中立法草案初出時，聲勢頗奪人，近日
似稍衰減，美國當局與外部均間接表示此案並不代表政
府意旨。畢君對我國素極同情，正當理由因偏重歐局，
故稍忽視遠東，實非本懷，適已向外部及畢本人詳說此
案有害於我各點。明日參議院外交股開始討論，將公開
徵詢各方意見，距表決期尚遠，適等當繼續謀改善。右
電敬乞抄奉亮疇部長及布雷兄。適。

畢特門說明修正中立法動機

民國二十八年三月二十八日

（中央社華盛頓二十七日電）參議院外交委員會主席畢
德門，本月二十日向參院提出議決案草案一則，規定美
國過去之中立法案應一律作廢，另制新中立法案。畢氏
於十九日午為此招待記者，發表談話謂：余所提之議決
案草案，建議總統於外國發生武裝衝突之時，不論其已
經宣戰或未經宣戰，應於衝突爆發以後三十日以內，發
佈命令，指明參加作戰之國家，並應隨時於他國有捲入
衝突可能之時，以命令之方式，明白指明之，參加衝突
之國家，經總統指明，則任何美輪，不得直接或間接裝
運前往被指定之國家。舊中立法案內之「現購自運」辦
法，新法案內仍予保留，所不同者，新法案內規定一切
貨物，一律適用「現購自運」之辦法。同時舊法案內關
於牽涉國內糾紛之規定，業經新法案一律取消。舊法案
內關於美洲各民主國家搭乘外輪游歷、商輪實行武裝、

國家軍火統制局之職權等各節，決仍予保留。議決案
內另有新規定一則，授權總統發佈命令，規定美國僑
民或懸掛美國國旗之船隻，如前往作戰區域，則屬非
法舉動。至於作戰區域範圍，總統得隨時發佈命令規
定之，惟此項規定之適用，總統得規定例外或限制辦
法。余此次所以主張新的中立法案，其動機可得而言
者有五：

（一）美國如拒絕以軍器、軍火、軍械，對並無兵工廠
　　　或兵工廠較少之國家出口，而擁有多數兵工廠
　　　之國家，反可自吾國取得各種必需之材料，以
　　　製造軍器、軍火、軍械，此實有失公正，前者
　　　可以中國為例，後者可以日本為例。

（二）現各方自美國購買軍器、軍火、軍械之要求，日
　　　益增加，美國私家軍火商，有擴充生產量機械
　　　設備之必要。

（三）政府兵工廠縱欲增加生產力，亦難於適應當前之
　　　迫切要求，此種辦法，即或並非不可能，亦並
　　　不切於實際。

（四）現行中立法，僅禁止軍器、軍火、軍械出口，若
　　　非製造軍器、軍火、軍械之材料，同時禁止出
　　　口，則即不違反自然法則，亦有失公道。

（五）美國出口貨之剩餘品，日益增加，同時美國國內
　　　之經濟情形如此，製造軍火、軍器、軍械之材
　　　料，國會自不應禁止出口。

余擬定此項議決案，費時共歷一年，起草之時，並未著
眼於任何一國之特殊情形，亦並未與政府當局磋商云

云。又另悉此項議決案，業已交參院外委會審議，外委
會定於二十二日將該案會同所有修正中立法案之建議
案，一併審議，眾院議長彭海德稱：眾院大致當於參院
有所決定以後，始行著手審議新中立法案。又畢德門昨
晚曾發表廣播演講謂，際此全能國家不斷向前邁進之
時，美國與世界其他各國已同陷入於非常時期，若欲制
止全能國家之進逼，除由愛好和平之歐洲各國，立即聯
合一致採取行動以外，余未見有其他有效之方法，目前
之非常時期，迫使美國努力擴軍，此非可僅賴政府之兵
工廠，而必須有賴於私人軍火商之提高其生產量，而欲
求私人軍火商生產量之增加，則非准軍火出口不可云。

（錄自重慶中央日報民國二十八年三月二十八日）

胡適華盛頓來電

民國二十八年三月三十一日

重慶外交部。887 號。31 日。極密：頃得畢特門君電
話，彼已自行修正其所提案要旨，在將本法僅適用於正
式宣戰之戰爭，故中日戰事可以不受其限制，此種修正
雖未盡滿意，然確係進一步，敬先奉聞。並乞抄送蔣、
孔二公。適。

胡大使華盛頓來電

民國二十八年四月三日

重慶外交部。八八八號。三日。一三一四號電敬悉。致
詹森（Johnson）電已照轉。中立法案一面根據於利害
傳統政策及人民心理，一面又與歐洲政局動態息息相

關，故民主黨在兩院之間佔大多數，而政府領袖至今尚不能公然有所主張，其困難可想。畢特門（Pittman）案若能照修正通過，已為一大轉機。路義思（Lewis）案授權與總統太多，在本屆議會恐無成立希望。Thomas案之原則聞或將單獨成為議案，但此時尚無十分把握。右電乞轉呈蔣、孔兩公，適。

畢德門新中立法全文（國際宣傳處譯）

美國參院外交委員會主席畢德門，於三月二十日提出新中立法，稱為一九三九年的和平法案，本處亟將其全文迻譯如下：

第一節

第一項　國際間發生武裝衝突時，不論其已經宣戰或未經宣戰，總統應於戰爭爆發後三十日以內頒佈命令，指明參加戰爭之國家，倘其他國家有捲入漩渦之可能，總統並應隨時頒佈命令指明之。

第二項　無論何時，倘本節授權總統頒佈命令之條件，已不復存在，總統應以命令之方式，宣佈撤銷之。

第二節

第一項　無論何時，一經總統根據第一節第一項所賦權限頒佈命令後，任何美國船隻，不得裝載任何旅客、物品或原料，直接或間接運往業經指明之任何國家。

第二項　無論何時，一經總統根據第一節第一項所賦

權限頒佈命令後，任何物品或原料，倘其一切權利、名義及利益，未經完全讓於外國政府、機關、團體、公司、組合或個人，一概不得直接或間接自美國向業經指明之國家輸出轉運，或企圖輸出轉運，或設法輸出轉運。裝運該項物品或原料之商人，應向所轄海關當局具呈聲明書，鄭重宣稱所有該項物品或原料之權利，名義或利益，均與美國公民無關，並應遵守總統隨時頒布之法規條例。此項聲明書具有絕對權力，足以防止任何美國公民對於該項物品或原料之權利、名義或利益，發生任何要求。

第三項　所有保險人對於該項物品或原料之保險，以及對於裝運該項物品或原料所用船隻之保險，均不得視為美國之利益。所有該項物品，原料或船隻之保險單，所有該項物品或原料因此而受之損失，所有該項船隻主人因此而受之損失，均不能成為美國政府提出任何賠償要求之根據。

第四項　無論何時，根據第一節第一項所賦權限而頒布之命令，一經總統宣佈撤銷後，本節所列各點，對於業經指明之國家，即失去其實施之效力。但在宣佈撤銷以前，所犯之違法行動，不在此例。

第三節

第一項　無論何時，一經總統根據第一節第一項所賦

　　　　權限宣佈命令後，並經總統認為必須採取適
　　　　當措置以保護美國公民時，總統應頒佈命
　　　　令，禁止美國公民或懸掛美國國旗之船隻，
　　　　通過總統認為係武裝衝突區域而加以劃定指
　　　　明之地帶，但經總統所指明之限制及例外，
　　　　則不受本節約束。

第二項　總統得斟酌實際情形之變更，隨時修改或擴
　　　　大其命令內所劃定之範圍。如使總統頒佈該
　　　　項命令之條件，已不復存在時，總統應宣佈
　　　　撤銷之，本節所列各點即不再發生效力。

第四節

第一項　第二節、第三節內所列各項條款，對於毗連
　　　　美國國境所有地面上、湖面上、江面上以及
　　　　河面上之商業旅行，均不適用；同時對於由
　　　　紅十字會租用或管理，且由交戰國家承認之
　　　　船隻，並不禁止其裝運紅十字會工作人員、
　　　　醫藥品以及救濟難民之衣服食料。

第五節

第一項　無論何時，一經總統根據第一節第一項所賦
　　　　權限頒佈命令後，任何美國公民不得乘坐業
　　　　經指明為交戰國家之任何船隻。但有下列情
　　　　形之一者，不在此例：一、乘坐船隻之美國
　　　　公民，其旅程係在總統頒佈命令前開始，且
　　　　無法中途終止其旅程者；二、美國公民係在
　　　　總統頒佈命令後九十日以內，乘坐船隻自外
　　　　國返歸美國者；三、美國政府之武官、代表

以及公務人員，因公出國，並得總統之特別
准許者。

第二項　　無論何時，根據第一節第一項所賦權限而頒
之命令，一經總統宣佈撤銷後，本節所列各
點，對於業經指明之國家，即失去其實施之
效力。但在宣佈撤銷以前所犯之違法行動，
不在此例。

第六節

第一項　　無論何時，一經總統根據第一節第一項所賦
權限頒佈命令後，在該項命令之有效期間，
從事商業之任何美國船隻，不得加以武裝，
或裝運軍械、彈藥或軍用品，但總統認為必
須攜帶以維持紀律之少數軍火，且經總統明
白指定者，不在此例。

第七節

第一項　　無論何時，一經總統根據第一節第一項所賦
權限頒佈命令後，美國境內之任何居民，對
於業經被指為交戰國家之證券、擔保品或其
它，且在頒佈命令後發行者，不論其為該國
政府所有，為該國政治集團所有，或為代表
該國政府活動之任何私人所有，一概不得買
賣或相互交換；美國境內之任何居民，對於
業經被指為交戰國家之政府、政治集團或私
人，並不得給予任何借款或擴展任何信用，
但總統如認為所採取之行動，足以保護美國
或其公民之商業利益或其它利益者，總統在

其審慎考慮之下，並在其所規定之範圍及限
度內，對於促成合法貿易並純屬和平時期商
業性質之普通商業信用及短期帳款，得免予
實施本節之規定。

第二項　總統頒佈命令時經業存在之契約關係，其續
訂或修正，不受本節之限制。

第三項　無論何人，凡違犯本節所列各點，或任何規
定者，一經證明屬實，當處五萬元以下之罰
金，或五年以下之有期徒刑，或罰金與徒刑
並處。倘公司、組合、團體，或協會違犯本
節所列各點或任何規定，其負責人或代理人
得受同樣之處罰。

第四項　無論何時，根據第一節第一項所賦權限而頒
佈之命令，一經總統宣佈撤銷後，本節所列
各點或任何規定，對於業經指明之國家，即
失去其實施之效力。但在宣佈撤銷以前所犯
之違法行動，不在此例。

第八節

第一項　無論何時，一經總統根據第一節第一項所賦
權限頒佈命令後，美國境內之任何居民，不
得為業經指明之國家徵募捐款或收集捐款。
本節對於為援助受難者之醫、藥、衣、食而
徵募捐款或收集捐款，並無禁止之意。但捐
款之徵募或收集，其主持者或支配者必須不
為代表該國政府活動之任何私人或團體，且
須獲得總統之許可，並須遵守總統隨時所頒

佈之法規條例。

第二項　無論何時，根據第一節第一項所賦權限而頒
　　　　佈之命令，一經總統宣佈撤銷後，本節所列
　　　　各點以及總統隨時所頒佈之任何法規條例，
　　　　對於業經指明之國家，即失去其實施之效
　　　　力，但在宣佈撤銷前所犯之違法行動，不在
　　　　此例。

第九節

第一項　美洲國家與非美洲國家發生戰爭時，倘美洲
　　　　國家並未與任何非美洲國家攜手合作，則本
　　　　法對於美洲國家不生效力。

第十節

第一項　無論何時，在美國保持中立之任何國際戰爭
　　　　中，總統或由總統授權之人，倘有可資深信
　　　　之理由，認為任何船隻，不論其屬於美國或
　　　　屬於外國，不論其是否請求過關，企圖將
　　　　燃料、人員、軍械、彈藥、軍用品或其它物
　　　　品，裝運出口，卸交交戰國家之兵艦或貨
　　　　船，而按照一九一七年六月十五日通過之法
　　　　案內第三十章第五部第一節所列各點，並無
　　　　足以禁止該船出口之充分證據者，並認為所
　　　　採取之行動，足以維繫美國與外國間之和
　　　　平，保護美國及其人民之商業利益，促進美
　　　　國之安全或其中立性者，則總統有權並應使
　　　　該船之主人或負責者，在出口之前，向政府
　　　　繳具充分擔保品之保單，保證該船不將所裝

　　　　　　載之人員或任何貨物，卸交交戰國家之任何
　　　　　　兵艦或貨船。至所需擔保品之總額，則由總
　　　　　　統決定之。

第二項　　總統或由總統授權之人，倘發覺在美國港口
　　　　　　內之任何船隻，不論其屬於美國或屬於外
　　　　　　國，已在美國之另一港口，將裝載貨物之全
　　　　　　部或一部，卸交交戰國家之兵艦或貨船，總
　　　　　　統得在戰爭進行期間，禁止該船駛離港口。

第十一節

第一項　　無論何時，在美國保持中立之任何國際戰爭
　　　　　　中，總統倘認為對於外國潛水艇或武裝商船
　　　　　　利用美國港口或領海之舉，實行特殊之限
　　　　　　制，足以維繫美國與外國間之和平，保護美
　　　　　　國及其人民之商業利益，或促進美國之安
　　　　　　全，因而頒佈明令者，則任何潛水艇或武裝
　　　　　　商船，非按照總統所規定之特殊情形及限
　　　　　　制，一概不得駛入或駛出美國港口或領海。
　　　　　　無論何時，總統倘認為頒佈命令時所具之條
　　　　　　件已不復存在，應宣佈撤銷，本節所列各點
　　　　　　即失去其實施之效力。

第十二節

第一項　　設立「全國軍火貿易統制局」（以下簡稱軍
　　　　　　火局）。軍火局由國務卿、財政部長、陸軍
　　　　　　部長、海軍部長及商務部長組成之，而以國
　　　　　　務卿為軍火局之主席及執行者。軍火局之行
　　　　　　政管理權，在未經本法或其它法律另行規定

前，應屬於國務院。國務卿為執行本節所列
各點，如認為必需時，得頒佈適當之法規條
例。軍火局每年至少應開會一次，由主席召
集之。

第二項　任何製造輸出或輸入任何軍械、彈藥或軍用品
　　　　之人，不論其為出口商人、進口商人，製造而
　　　　或販買者，一律應向國務卿登記，詳細報告其
　　　　姓名、牌號、美國營業地點，及其所製造、輸
　　　　出或輸入之軍械、彈藥、或軍用品。

第三項　凡向國務卿登記之軍火商人，遇其所製造、
　　　　輸出或輸入之軍械、彈藥或軍用品發生變更
　　　　時，應即報告國務卿。國務卿接獲此項報告
　　　　後，應即免費發給修正登記證，在原登記證
　　　　未滿期前繼續有效。根據本節所列各點而聲
　　　　請登記之人，應繳納登記費一百元。國務卿
　　　　收到所需之登記費後，應即發給登記證，其
　　　　有效期間為五年，滿期以後，繼續繳納登記
　　　　費一百元，登記證繼續有效五年。

第四項　無論何人，未經領具准許出口或准許進口之
　　　　執照，對於本法所指明之任何軍械、彈藥或
　　　　軍用品，一律不得由美國輸往或企圖輸往任
　　　　何國家，並不得由任何國家輸入或企圖輸入
　　　　美國。

第五項　凡向國務卿登記之軍火商人，對於軍械、彈
　　　　藥及軍用品之製造、出口及進口，應保留永
　　　　久紀錄，聽憑國務卿或由國務卿授權之人隨

時加以檢查。

第六項　凡向國務卿登記之軍火商人請領執照，應予發給，但軍械、彈藥或軍用品之輸出，與本法各項條款或與美國其它法律，或與美國所簽訂之條約相違反者，則不能發給執照。

第七項　任何軍事長官，政府行政部門或獨立部門，一概不得代表政府，向未經根據本法實行登記之任何軍火商人，購買軍械、彈藥或軍用品。

第八項　一九三六年八月二十九日法案內所列關於以軍火、糧食售予古巴政府之各項條款，一如一九三七年十二月三十一日法案內所列各項條款，實行廢除。

第九項　軍火局應向國會提出常年報告，其分發情形一如其它報告，凡軍火局所搜集之消息數字，認為對於解決統制軍火貿易問題有所裨益者，均應列入報告之內。所有須向國務卿登記之軍火商人，以及關於發給執照之詳細情形，均應列入報告之內。

第十項　授權總統根據軍火局之建議，隨時宣佈被認為軍械、彈藥及軍用品之貨物名冊。

第十三節

第一項　總統倘認為必要而適當時，得隨時頒佈法規條例，以利本法任何條款之實施，但必須不與現行法律相背馳。總統並得根據本法所賦權限執行其職權。

第十四節

第一項　倘本法任何條款或與本法有關之任何法規條
　　　　例遭遇破壞，而本法內並未明文規定其特殊
　　　　懲罰者，一經證實之後，對破壞者得處以一
　　　　萬元以下之罰金，或五年以下之有期徒刑，
　　　　或罰金與徒刑並處。

第十五節

第一項　本法內所稱「United States」包括幾個州與屬
　　　　地，島嶼屬地（菲列濱在內），巴拿馬運河
　　　　範圍以及哥倫比亞區域。

第二項　本法內所稱「Person」，包括無限公司、協
　　　　會、組合以及個人。

第三項　本法內所稱「Vessel」，係指各種水上或水下
　　　　或空中運輸工具（飛機在內）。

第四項　本法內所稱「American Vessel」，係指由美國
　　　　政府給予合法地位之水上水下運輸工具（飛
　　　　機在內）

第五項　本法內所稱「Vehicles」，係指各種地面上或
　　　　空中運輸工具（飛機在內）。

第六項　本法內所稱「Nation」，應包括民族、政府及
　　　　國家之意義。

第十六節

第一項　本法內任何一項條款如失去效力時，或對任
　　　　何個人任何環境不能實施本法內任何一項條
　　　　款時，本法內其餘各項條款以及對任何個人
　　　　任何環境實施本法內其餘各項條款，仍繼續
　　　　有效，不受影響。

第十七節

第一項　為實施本法各項條款及達成本法任務起見，
　　　　財政部應在不損及財政預算之範圍內，隨時
　　　　撥給必要而適當之經費。

第十八節

第一項　一九三五年八月三十一日之中立法（第七十四
　　　　屆國會第六十七號決議案），一九三六年二
　　　　月二十九日之修正中立法（第七十四屆國會
　　　　第七十四號決議案），一九三七年五月一日
　　　　之修正中立法（第七十五屆國會第二十七號
　　　　決議案）以及一九三七年一月八日之修正中
　　　　立法（第七十五屆國會第一號決議案），均
　　　　實行廢除。

　　　　（錄自重慶掃蕩報 民國二十八年四月十三日）

二　中立法案提出後的研討

張彭春紐約來電

民國二十八年四月十一日

重慶外交部。昨日在京偕不參加日本侵略委員會幹
事 Harry Price 謁畢得門，將該委員會所擬草案交與畢
氏，畢氏允與總統商談，於本星期六再與 Price 討論
細目，該草案經 James Shotwell、Quincy Wright 等專
家起草。又美國和平團體四十中，約三十同情於湯姆
斯案，實際上湯案本身雖仍少通過性，但該團體等造
成之空氣，於我有利，或可影響新提案之進行，餘續
電。張彭春。

胡大使華盛頓來電

民國二十八年四月十一日

重慶外交部。八九二號。十一日。參議院議員 Lewis
（路義思）逝世，中立法徵求意見，延至十三日繼續舉
行，眾議院外交股明日開始徵求意見，將由該院提案人
先表示意見，聞國會方面目前有三種趨勢：（一）維持
原案，但將現款運輸一節延長一年。（二）通過畢案，
或類似畢案之法令，但另通過議案，侵略國與被侵略國
以備實行適當制裁。（三）商承總統決定中立方式，又
美總統昨日返京，適已請訂期往謁。胡適。

張彭春紐約來電

民國二十八年四月十八日

重慶外交部：Cally Jlewi 昨日晤畢氏，據稱美政府有關
機關對於草案正在研究，畢氏對該案頗表同情，並稱據
彼觀察上院外交委員會約有過半數贊同，但進行程序須
先對廣義提案、畢案、湯案等討論，然後再提及對日新
案，畢氏態度似甚誠懇，Jlewi 現因時間急促，力向各
方活動，以期新案早日提出。張彭春。十八日。

胡大使華盛頓來電

民國二十八年四月二十日

重慶外交部。八九七號。十九日。極密。今午謁羅總統
談二事（一）中立法案彼謂據現在形勢，眾議院可望通
過直截廢止中立法，但參議院形勢稍複雜，惟畢特門最
同情中國，彼必不忽視中國之利害云。（二）本日東京

朝日新聞載美總統將有同樣牒文致日本，總統笑云，此
全是捏造，據彼觀察世界形勢，有兩種可能，若世界大
戰爆發，日本即不攻俄亦必加意防俄，中國形勢可以好
轉，若萬一世界大戰可免，而歐洲各國聽彼勸告，和平
協商經濟政治各問題，則彼可斷言日本亦必要求參加此
和平協商之局面，故無論世界形勢如何轉變，彼信中國
必須撐持到底云，上電敬乞鈔呈蔣委員長、孔院長及王
世杰先生。胡適。

三　美眾議院通過 Bloom 中立法案

美眾院外委會討論新中立法案

（中央社華盛頓十六日哈瓦斯電）眾議院外交委員會
十六日舉行秘密會議，討論中立法修正問題，商務部派
有代表一員列席，並說明現行中立法在戰時所加諸美國
商務之影響，經過情形如何，當局雖秘而不宣，但據消
息靈通人士所知，該委員會管理主席白魯姆，曾經提出
新中立法草案，已為國務院所贊同，內容與民主黨參議
員基萊特前此所提出之草案相類似，主張授權總統，得
於國際間發生戰爭時，指定何國為侵略國，並劃定某處
為危險區域，不許美國僑民與船隻前往經營商務，否則
一切風險，均應自行擔負，似此，美國即可賡續以軍火
接濟某某交戰國，不必由政府償付意外損失，但該委員
會本日討論此案時，爭辯甚烈，不得不宣告延會，一般
人預料白魯姆或須起草折衷方案，從新提付討論云。

　　（錄自重慶各報聯合版民國二十八年五月十七日）

胡大使華盛頓來電

民國二十八年五月二十七日

重慶外交部。九二五號。廿七日。極密：連日英、法船舶在海上被敵艦勒停受檢查事，美各方面均甚注意，現尚無美船受同樣待遇，報紙記事均謂敵方欲不宣戰而取得交戰國之封鎖搜查權。鄙意揣測敵方在此時忽有此舉，似不無更深用意，倘敵果不停勒美船，則其勢顯明似在離間美與英、法，欲其不合作。然適頗疑敵此舉似與美國會中立法事不無關係，蓋英、法與美之不同，不但太平洋上之實力懸殊，而實有中立法之束縛，故雖有力量而不能運用。今日之事，此點最為關鍵，美國海軍之調回太平洋，已足使敵人震驚，鼓浪嶼之美、英、法海軍合作，尤出敵之意外，號稱受中立法束縛之美國忽然與英、法各調兵艦到廈，各派四十二個陸戰隊登陸，而美國報紙無抗議，國會無質問，豈非揭破中立法之大謊乎。蓋美國總統為海陸軍元帥，其權力足以造成作戰局面，此點似甚使敵人注意。鄙意以為海上勒停英、法船舶之舉動，其用意似在聳動美國會內外反戰孤立各派，使其更感覺日、美海軍衝突之危機，使其更感覺美國在遠東與英、法合作之足以招致戰禍，使其更感覺行政首領對外權限之必須減縮制裁也。鄙意如斯揣測，其確否？當待事實證明。近日國會兩院外交股密商中立法案，聞頗有回到舊日國際公法之中立概念之趨勢。畢德門、湯姆斯 Pittman、Thomas 兩派及根本廢止中立法一派，似均不能得多數歡迎，參議院有 Gillette 案，眾議院有 Bloom 案，其意皆欲恢復舊日國際公法。所謂中

立國權利而略加限制，其中最重要之限制為總統所公佈指定之鬥爭活動區域，在此區域內美國船舶不得行駛此區域之外，則美國船舶如商品往來，包括軍械貿易均不受限制。眾議院此案提案人 Bloom 是眾議院外交股代理主席，與政府甚接近，其案至今尚不公布，但已發交外交股研究簽註，聞外交部意頗袒此案，倘此派主張得成立，則現行中立法之劣點十去其七、八，而往日中立國戰時權利十復其七、八，已近於上次歐戰時之狀態，此亦日所憂慮。故鄙意謂海上搜查英、法船舶，不但威嚇英、法而離間美國，實亦有意明示海軍衝突之危機，使美國潛伏反戰份子更出力擁護中立法，恢復孤立政策也。右電敬乞抄送蔣總裁、孔院長及翁詠霓、王雪艇兩兄。九日美潛水艇失事，死廿六人，已以政府名義致唁。適。

胡大使華盛頓來電

民國二十八年五月二十九日

重慶外交部。九二八號。廿八日。美外長前日邀眾議院外交委員會多數議員到其寓所談論中立法制，此為政府領袖第一次對此問題表示意見。昨日外長又有長函致兩院外交委員會長，發表其對中立法各案之意見，其大旨云：美國立法避免牽入國際戰爭固屬重要，而謀維持世界和平使戰爭不致發生，尤為根本要圖，美國在今日決不能孤立，如此一個大國所立法令之內容不獨影響本國，亦足影響其他各國，吾人切勿妄想普遍而無彈性之原則，可以隨時應付一切新興之境地，吾人為避免戰禍

而立法，只能謀在吾人所能想像之境地中保全本國權
益，同時使本國人民所增之非常負擔，及平時經濟生活
所受障礙皆不超過最低限度，故立法要旨應與國際公法
之傳統觀念相差不太遠：第一、現行中立法中對交戰國
禁售軍械一條，應刪除。第二、美國無論裝運何物均應
禁其駛入戰鬥區域。第三、美國人民在戰鬥區域旅行宜
加限制。第四、一切輸入交戰國之貨品均應於起運之前
交割與外國買主，以後損失與賣主無干。第五、現行法
中關於對交戰國借款及信用一項可以繼續。第六、交戰
國在美募集款項應加管理。第七、現行法中，國家管理
軍械委員會及軍械出入口執照辦法均可繼續。總之，上
述各項用意不出兩途，一為避免捲入戰禍，二為使本國
容易維持中立云云。適。（待續）

胡適華盛頓來電

民國二十八年五月二十九日

重慶外交部。續九二八號。廿九日。美外長函大旨，即
昨電所謂回到國際公法所謂戰時中立國權利，而自行略
加限制。最大限制有二：一為本國船隻人民禁入戰鬥區
域，二為對交戰國不借款。此外商業往來包括軍械買
賣均不禁止，但須於起運之先，將貨品所有權交割與
外國買主，以免糾紛。此函大致與眾議院代理外交股
長 Bloom 未公布之草案最接近，而略採 Pittman 案之現
購自運原則。案 Bloom 案所謂戰鬥區域，係指有戰鬥
行動之某個地帶，由總統隨時指定公布，並可隨時改定
取消，例如中日戰爭中心在漢水與洞庭，則武漢至京滬

均在戰鬥區域之外矣。赫函七項之中，對交戰國不借款
一項，總統及財、外部要人均明知其於我國最不利，但
恐難履行，無法避免此原則，至多能將尋常商業信用借
款及短期借貸除外而已，其故有二：一為上次歐戰各國
戰債總數約有三百萬萬，至今分文無著，故不借款與交
戰國幾成為天經地義。二為歐戰後廿年中，美國有一派
議論，謂美國當年所以參戰，實由於其前三年中協約國
在美購買軍用品太多，經濟關係太深，美國不能坐視
英、法戰敗，以此故孤立和平各派均反對借款與任何
交戰國云。右電敬乞抄送蔣、孔二公及翁詠霓、王雪
艇兩兄。胡。

美眾議員多數贊成赫爾新中立法主張

（中央社華盛頓廿九日哈瓦斯電）關於中立法條正問
題，昨自赫爾國務卿分國參、眾兩院外交委員會主席之
後，政府態度既見確定，同時反對派亦因此而加強其抵
抗之決心，擬在參議院討論之際，利用各種法定程序，
從事阻撓，務使修正案在國會休會之前，無從否決。共
和黨參議員波拉（外交委員會前任主席），現仍反對美
國以軍火售予交戰國，民主黨參議員喬治與克拉克暨共
和黨其他參議員多人，亦均決定保持現行中立法之硬
性，勿令總統享有廣泛權力，謂總統權力擴大之後，美
國即較易牽入戰爭漩渦，至以眾議院方面而論，各議員
態度，對於赫爾國務卿之主張，贊同者較眾，眾院外交
委員會主席白魯姆，頃已決定，依赫爾提議，提出中立
法修正案，並召集外交委員於五月卅一日開會，加以

討論，修正案之完全根據政府見解者，當以此為嚆矢。大致上白魯姆案倘由眾院表決通過，則參議院可決之希望，自亦增加，特反對派各參議員，殆亦多方阻撓，使在國會本屆會期內，不及討論終結，此為可慮耳。

（中央社華盛頓廿九日合眾電）參、眾兩院之外交委員會委員，咸認為國務卿赫爾對於中立法案之提議，對於國會議員將發生重大影響，或將重行引起本屆國會成立之新中立法之運動，明後兩日兩院外交委員會將根據赫爾致參議員巴克萊函中之意見，討論此事，屆時必有一番熱烈爭論。若干方面認為赫爾之提議中，頗多中肯，其中之一部必能獲得兩院議員之贊同。惟關於禁止軍火出口一點，必將引起爭辯，參議員加柏稱：中西部議員均反對以廢鐵及軍火供給日本，故彼等均贊成奈氏、彭氏、克拉克及波拉各議員之主張，彼個人在原則上亦贊成美國不以軍火供給交戰國，惟統制軍火輸出是否可能，及統制後是否能繼續實行，實屬問題云。

（錄自重慶各報聯合版民國二十八年五月三十一日）

胡大使華盛頓來電

民國二十八年六月八日

重慶外交部。九三三號。八日。眾議院外交組連日討論中立法案，以 Bloom 提案為根據，逐條研究，反對派提出禁運軍火及限制總統劃定爭鬥區域權限等修正案，均被打消。惟因英皇今日來美京，此案將於下星期一繼續討論，屆時或可通過外交組，提交眾議院全體討論。據現時趨勢，此案通過眾議院，似有可能性。適。

胡大使華盛頓來電

民國二十八年六月十四日

重慶外交部。935號。14日。眾議院外交委員會昨日以十二對八票通過中立法案,其要點與美外長建議相同,聞將於二星期後提出眾議院全體討論。此次外交委員會投票,民主黨議員均贊成,共和黨議員則反對。現眾議院內民主黨議員占多數,故一般推測此案通過似無困難云。參議院尚無舉動。適。

胡大使華盛頓來電

民國二十八年六月十六日

重慶外交部。九三九號。十六日。對中日事件,美國民眾意見測驗結果今日發表:同情中國者百分之七十四,同情日本者百分之二;中立者百分之二十四。贊同不買日貨者百分之六十六,反對者百分之三十四。贊同禁運軍用品與日本者百分之七十二,反對者百分之二十八。贊同禁運軍用品與中國者百分之四十;反對者百分之六十。又國會現有禁運軍用品與日本提案數起,惟因國會閉幕近,恐不及討論,故提議人擬作為中立法修正案提出,但兩院外交總所主張分別討論,結果如何?尚難預測。適。

胡大使華盛頓來電

民國二十八年六月十九日

重慶外交部。九四三號。十九日。中立法案近因參議院反對空氣濃厚,有通過眾議院後,俟明年再提出參議院

討論傳說，今日美總統召見兩院領袖群，堅持於本屆國
會通過兩院云云。胡。

胡大使華盛頓來電

民國二十八年六月二十四日

重慶外交部。949 號。24 日。美總統提議以借款方法恢
復繁榮，其總數約卅九萬萬元，其中五萬萬元擬借與外
國政府用以購買美國貨物，以謀增進國外貿易，此計劃
之用意實係為我國借款開一途徑，陳光甫兄現正留意此
事，但其關鍵仍在中立法之修改，如中立法新案能成
立，則以後借款可購軍火飛機不受限制，現眾議院已
定下星期討論表決中立法新案，依一般觀察，可勉強
通過。適。

美眾院通過中立法案

（中央社華盛頓一日哈瓦斯電）關於中立法問題，眾議
院三十日晚以二百票對一百八十八票之多數。對外委會
主席白魯姆提案，暨共和黨職員伏利斯所提修正案，表
決通過，其主要條款如下：一、總統或國會，若果確定
某二國之間，業已發生戰爭，即當加以宣佈，自宣佈之
日起，美國公民商眾即應：（甲）不得以軍火、軍械
（軍用品除外）售與各交戰國。但此項軍火、軍械業已
移交他國人者不在此例。（乙）不得以借款貸予各交戰
國。但普通短期商業放款，其期限不超過九十日者，不
在此例。（丙）不得為各交戰國募集捐款。二、美國公
民倘欲搭乘各交戰國輪船者，應自負責任。三、總統有

權禁止各交戰國軍艦暨武裝商船,駛入美國各港口或領海。四、此項中立法對於南美各國並不通用。

(中央社華盛頓卅日路透電)眾院今以二〇〇票對一八八票通過中立法修正案,其中關於禁止軍火輸出一款,亦經修正通過,現該案已送交參院討論。當眾院討論時,多數議員反對將原中立法案中之統制軍火輸出一條取消,其後且以一八〇票對一七六票之多數,將修正之關於軍火輸出條款列入。政府方面雖三次企圖將中立法案中關於軍火輸出一條撤銷,眾院議長毅克德赫雖亦極力說明折衷之禁運軍火辦法亦可防阻「軍械」對交戰國之輸出,但仍屬無效,按該修正案若能照原文通過,則對交戰國軍火輸出之限制,均可取消,而一切輸出之軍火,均可按照現購自運辦法處理云。

(錄自重慶各報聯合版民國二十八年七月六日)

美總統發表談話

(中央社海德公園城五日路透電)羅斯福總統昨在此接見記者,發表談話:謂余所以希望本屆國會,能通過中立法案者,其目的在於事前防止戰爭之爆發,政府之政策,其目的在於事前防止世界任何一處發生戰爭,此項政策,為政府最主要之政策,蓋凡屬政府力所能盡之處,其目的在於防止戰爭之爆發者,政府無不樂為之也。羅斯福總統於此復明白表示其態度,謂余仍支持國務卿赫爾之主張,即中立法案內禁止軍火出口之規定,務必刪去也。就四個重要國家之報紙評論觀之,可知眾議院修正禁運軍火規定之一舉,深為法西斯及國社主義

國家所歡迎；據國務院所接報告觀之，均足以證實此說不謬，眾院此舉，確將對於視行歐洲局勢有不利之影響，其結果，徒然足以引起戰爭，而使美國避不捲入戰禍之努力，更見困難云。

（錄自重慶各報聯合版民國二十八年七月六日）

四　美參眾兩院通過新中立法案

胡大使華盛頓來電

民國二十八年七月十二日

重慶外交部。九五八號。十二日。參議院外交委員會以十二對十一票表決暫行擱置中立法案，俟下屆國會再行討論，美總統及外長均公開表示不滿，現政府方面正在研究辭句此案之方式。又兩院外交委員會均定十四日討論對日禁運軍用品，各提案眾議院並定十八日開始，公開徵詢意見。適。

外交部致駐美大使館

民國二十八年九月十八日

一四三六號。駐美大使館。美國會特別會議將於廿一日召開制裁日本等三提案，應努力設法促其實現，並盼轉電於總領事迅作側面策動，與不參加日本侵略委員會協力促進美方對我之援助，在各方面採積極有效之行動，事機急迫，稍縱即逝，希妥密進行，並電復。外交部。

胡大使華盛頓來電

民國二十八年七月十九日

重慶外交部。九六三號。十九日。關於中立法案，總統
與外長曾用大力勸告國會於本屆通過修正新案，但昨夜
參議院兩黨領袖在白宮作三小時之詳細討論，結果各方
均承認本屆國會不能再提此案，但國會領袖允於明年一
月國會重開時首先討論中立法問題。今晨白宮有宣言，
謂總統與外長均認此時參議院不能修正中立法，實足減
低美國之國際領袖地位，使其不能充分運用其力量為世
界維持和平云。適。

美國會將再討論新中立法案

（中央社華盛頓十七日路透電）最近參院外委會主席畢
德門提出之禁止美貨輪日案後各方認為國會已有再度考
慮新中立法案之可能。民主黨參議員吉利特上週曾投
票，主張延期討論新中立法，今日表示彼十分贊同畢德
門禁止美國軍火輸日之主張，故各方認為吉利特或亦有
改變對中立法案態度之可能。昨日羅斯福總統與國會各
領袖會晤時，曾表示國會必須先將新中立法案討論竣
事，始可休會云。
（中央社華盛頓十七日哈瓦斯電）羅斯福總統頃在白宮
延見副總統茄納（兼參議院議長），國務卿赫爾、眾議
院議長彭克海、眾院民主黨領袖雷本、參議院民主黨領
袖巴克萊，進行談話。事後，巴克萊向報界發表談話
稱，中立法問題仍在研究中，尚未有所決定，並謂此項
重要問題，一日未能解決，則國會一日未便休會云，政

界人士因而以為國會未必迅速休會。據一般人所知，民主黨各領袖，曾於本日談話時，向羅斯福總統有所陳述，希望總統對於中立法問題，應在國會本屆會期內提付表決一層，不必堅持，此在總統認為未能滿意，惟表示願與共和黨各領袖進行談話，大抵各該領袖對於中立法問題，態度不一，僅可以使私人名義，向總統接受約束，而未便代表該黨受何約束云。

（中央社華盛頓十七日合眾電）據國會人員稱，羅斯福總統已決定於明日或後日召集參、眾兩院之民主黨與共和黨主要議員，討論中立法問題，總統已邀請參議員畢德門、巴克萊、馬丁、奧斯丁等屆時出席參加，總統甚或將請赫爾國務卿參加。

（錄自重慶各報聯合版民國二十八年七月十九日）

畢德門提案羅斯福不致反對

（中央社華盛頓十七日合眾電）美總統羅斯福及國務卿赫爾雖在原則上均反對禁止美國貨物售與外國之辦法，但對於畢德門之提案，則又當別論，美政府或將予以特別之考慮，羅斯福對於本案之態度，尚未完全確定，而國務卿赫爾於其致畢德門氏之函中，則已公開表示反對禁止美貨對日輸出之意見，但羅斯福總統近曾屢次表示，欲以戰爭以外之其他可能方法，阻止侵略及遏制破壞條約之國家，故在特殊情形之下，彼並非絕不能改變其立場也。若干人深信美國國內人民，因日本屢次忽視美國在華之利益，極表憤慨，故認為羅總統或不致反對畢德門之主張，若國會果能依照畢德門之提案，成立決

議，則羅斯福總統將獲得美國有史以來在外交上最鋒利
之武器。眾院外交委員會已定今日討論本案，參院外交
委員會將於何日開始討論，雖未決定，但大致必不出本
星期內。據最近參、眾兩院之外委會議員意見測驗之結
果，若國務院認畢德門之提議為合法，其通過當不致有
何困難云。

（錄自重慶各報聯合版民國二十八年七月十九日）

胡大使華盛頓來電

民國二十八年九月二十日

重慶外交部。九九八號。廿日。一四三六號電敬悉。美
總統召集特別會議最大目的，在修改中立法取消禁運軍
火限制，為求全國對待一致起見，今日總統邀請兩黨兩
院領袖預作磋商，照近日形勢禁運軍火一案可望取消，
其他法案或均將俟現屆國會討論。又歐戰起後美政府曾
調航空母艦及軍艦赴斐，其名義為祝賀斐政府保守中
立。又聞美政府最近決定調兵赴滬增援駐軍云。此電急
密。陳蔣總裁、孔院長。適。

胡大使來電

民國二十八年七月二十四日

陳布雷先生。密。關於中立法之爭，前夜白宮召集參議
院兩黨領袖會商半夜，終於決定暫時擱置。美政府頭
腦，此外對立法問題著眼在廢除禁運披露軍火一項，故
不惜遷就其他各項，如不借款與交戰國等。其所以如此
下手，全係欲用美國經濟、工業力量來助英、法維持歐

洲和平。蓋英、法四個月來決心用武力維持歐洲和平，
不惜對波蘭、土耳其、羅馬尼亞、希臘諸國作負責之武
力擔保；亦不惜請求蘇俄參加共同維護和平之大計。此
種決心，實已足使侵略國有所顧忌而不敢輕易發難。故
美政府與輿論領袖均以為倘侵略國能明知美國之經濟力
量，工業生產，皆將用作民主國家之後盾，則必更畏忌
而不敢開釁。此是最近中立法之爭的主要理論。此次政
府主張在眾議院、參議院皆告失敗，其故亦因孤立和平
論者尚佔勢力。蓋政府以為軍火解禁足以幫助歐洲和
平，而反對者則以為軍火解禁是存心偏袒英、法，是違
反中立原則，大總統使美國牽入戰爭，現時歐局未即是
爆發，美政府無法使孤立派心服，故此案遂擱置。

此次中立法之爭，雖無結果，然亦不無進步。畢特門原
案之打消，實為一大幸事。六月底眾議院通過之新案，
不但禁止借款與交戰國，且阻止商業信用短期借款不得
過九十日，又不得轉期，於我國最不利，此案之被參議
院擱置，亦是幸事。外長赫爾五月廿七日之長函，與七
月十四日之意見書，均是心平氣和之文字，使國人明瞭
此案爭點所在，使全國輿論漸趨一致。前夜半夜之白宮
會議，使全國明瞭中立法之擱置應由參議院負慎重責
任。萬一數月內歐亞局勢突然惡化，則行政領袖將更得
國人信仰，臨時國會召集時，此問題應可得較滿意之解
決。總之，此次爭論最可表示美國政制之特殊情形；又
可見中立派立論之勢力尚未可侮視。其摧破必須靠國際
事實之演變，而非言語文字所能轉移。然吾人對此正不
必悲觀，廿二年前德國軍人深信美國不致參戰，故決定

以潛水艇政策欲制英國之死命。然不出三日，美政府即
對德絕交，不出兩月即宣戰矣。倘德、日等國見此次羅
斯福之失敗，遂以為美國決心孤立不致干預外事，而彼
等可以橫行無忌，則今昔中立法案之失敗，正是世界局
勢之絕大轉機之開始也。右電乞陳介公並轉庸之、亮
疇、詠霓、雪艇諸兄，至感。適。

美參院外委會通過其中立法修正案

（中央社華盛頓廿八日）路透電參院外交委員會，今日
通過政府提出之取消禁止軍火出口限制之中立法修正
案，討論時間達三小時，始付表決，參院定十月二日
起，開始辯論修正案。中央社華盛頓二十九日合眾電
參院外委會昨日通過美總統之修正中立法案，並決定原
案送交參院討論，參院定下星期一日開會，辯論此案。
當昨日外委會討論修正案時，辯論之中心，集於美國商
船之航行問題，孤立派參議員波拉亞謂「現購自運」之
辦法實行後，美商船損失，必將極大云，但結果外委會
仍以十六票對七票通過修正案。惟在技術方面，對於便
利美航運各點，略加補充。按修正案中規定，現行之禁
停軍火輸出限制，應立即取消，而代以「現購自運」條
款，該條內規定，交戰國在美購買之軍火，應先行過
戶，然後再由非美國之商輪運出，交戰國人民在政府嚴
密之監督下，在美可成立商務信用貸款，但期限不得逾
九十日。外委會唯一修改之處，即將禁止美國航機不得
飛越西半球及太平洋之交戰國領土上空一條中，註明美
運輸公司不受此限制云。

（中央社華盛頓廿八日哈瓦斯電）參院外委會本日將主席畢德門所提出之中立法修正案提付審查後，卒以十六票對七票通過，參院茲定於下月初開會討論。據消息靈通人士談稱，外委會本日討論情形，甚為熱烈，原有延至明日表決之可能，茲竟能順利通過，實乃政府方面對於孤立派之一大勝利。又外委會本日討論結果，曾就原案，修正兩點：（一）美國以信用放款貸予交戰國後，該交戰國對於應付本息，倘不能在到期後九十天內如數付清，即不能再取獲新放款。（二）美國商船與民用飛機仍得在西半球各交戰國所屬港口與飛機場寄椗或降落，汎太平洋航空公司飛機之航行太平洋線者，因此仍得利用西半球各交戰國所屬機場。此項修正，對於美國與南美洲暨遠東之商務前途，關係綦重，畢德門本人頃向報界宣稱，關於本國商船與飛機在西半球方面英、法兩國屬地寄椗或降落一事，外委會本日討論時，各委員一致表示贊同，但以美國商船、飛機，不以貨物運往各該屬地為條件。今後成為辯論中心者，厥為軍火禁運條款廢止問題，此在負責人士則謂，畢德門案移送參院討論之情形，甚良好，此於該案在外委會中獲有大多數贊成票，以及雷諾慈、季賽德與懷德三議員之改變態度，可以見之。抑各該議員之所由改變初衷，實因受其選區輿論影響所致，緣中部各洲輿論界，對於德國國社主義向歐洲西部甚至向西半球伸張勢力一層，極為震動，其力量固還在孤立派所持論據以上也。直言之，美國大多數人士，對於應否伸張國際公法一類法理的論據，並不感有深刻印象，但對於德軍侵入波蘭，德機轟炸平民，

德潛艇濫施襲擊各項事實，則備感刺激云。

（錄自重慶中央日報民國二十八年九月三十日）

美參院辯論中立法修正案

（中央社紐約三十日路透電華盛頓訊）參院外交委員會今日以非正式之報告一紙，送交參議院，要求通過新中立法案，報告內稱，美國一日不廢止其軍火禁運案，則一日不能維持其中立之立場云。

（中央社華盛頓三十日哈瓦斯電）參院定下月二日將外委會所通過之中立法修正案（即該委會主席畢德門所提出之修正案），提付討論。贊成與反對兩派議員刻正忙於起草演詞，預料屆時必有一番熱烈爭辯。政界人士以為雙方辯論之中心，不外兩點：（一）廢止軍火禁運條款。（二）以九十天期之信用放款，給予各交戰國。關於第二點，瓊森法案創制人，即共和黨參議員瓊森，雖反對甚烈，但現行中立法對於美國人民，以短期放款給於交戰國一層，固未加以禁止，但參院討論時，或因提及戰債問題，而引起孤立派之責難，則畢德門修正案之通過，或將較為困難，此則可慮耳。

（中央社華盛頓二十九日哈瓦斯電）關於中立法修正問題，參院外委會主席畢德門，頃向報界發表談話稱：今所提出之中立法修正案，業在某種限度之內，將瓊森法予以修正（按瓊森法規定各國，凡未償清對美債務者，不得再在美國取得借款）。緣瓊森法係在承平時代所成立，此際歐戰既已爆發，吾人必須有以應付歐洲新局勢，德國對於美國，並未欠有戰債，依照瓊森法規定，

法案。該案之目的,在使美國置身於歐戰之外,國外已發生戰事,歷來世界局勢之嚴重,未有如今日之甚者,國外事態之發展,已使各人存有不安與懷疑之念,惟上次歐戰時,吾人已被迫捲入戰渦,吾人係尊重國際法之規定,而欲防止美國人民受歐洲瘋狂戰事之毀滅,因此吾人對於此次戰事,似無使自身捲入之充分理由。反對廢止軍火禁運條款者,每謂英、法既能控制其對美之海上商業,則取消軍火禁運條款,適足對英、法有利,然而吾人亦可以謂,繼續實施軍火禁運條款,適足有利德國,因英國四面皆海,而德國則為陸上國家,吾人禁止英國向美購買軍火與作戰武器,而德國則可獲得在蘇聯、義大利、羅馬尼亞、南斯拉夫等國所製造之軍火與作戰武器也,在現行中立法下,德國更可由蘇、義、羅等中立國家獲得北美洲之物資。羅斯福總統擬盡力使美國不致捲入戰事,然而本人確信總統決不濫用中立法所授予之權力,中立法修正案中有關於規定授權總統實行中立法之若干條款,因吾人固知不應以全權授予總統一人或某一人或一部份人,蓋此不但不必要,且亦無用也。美國參加上次歐戰之原因,即係為禁止美國與交戰國間之航運所致。修正案中所規定美國得以九十天期之信用放款給予交戰國一項,與瓊森法案並無衝突之處,因短期放款原可視為現款交易也(按瓊森法案為共和黨參議員瓊森所創制,該案規定各國凡未償清對美債務者,不得再在美國獲得借款)。畢德門發言後,孤立派領袖波拉,即向眾宣讀其事先擬就之演詞,對修正案施以抨擊。波拉稱,歐洲方面均認為美政府之中立法修正

案，有美國援助英、法，反抗國社主義之意，中立法修正後，吾人既可因英、法之需要，將軍火給予英、法等同盟國，則他日同盟國有更大之需求時，焉知吾人不致以軍隊調往作戰，此不幸之時期若果來臨，余不知吾人將以何項方法制止吾人調遣軍隊前往作戰。制定現行中立法之一種理由，吾人企求置身於歐洲紛爭之外，同時自人道主義立場言，以軍火售與交戰國而從中漁利之行為，吾人極力反對。所謂軍火禁運條款未曾發生效力一說，實為不確，今日軍火製造商極力活動，俾政府廢止禁運條款，即可證明禁運條款在過去確曾發生效力云。（中央社華盛頓二日路透電）參院今日下午五時（標準時間）開始辯論修正中立法問題，警方戒備極嚴，以防發生意外，當局除派警隊在議場巡察外，議場之旁聽席中，尚有便衣人員從中查防，參院議長迦納決定，會議進行時如有示威情事，則旁聽席之人士，著即令其退場。政府人員謂參議員中當有百分之七十六擁護總統之提議，主張取消軍火禁運案者，亦謂九十六參議員中決有五十七人對政府提案投贊成票，三十人投反對票，態度未明者八票，反對派之估計，亦與此大略相同。

（錄自重慶中央日報民國二十八年十月二日）

胡大使華盛頓來電

民國二十八年十月二十八日

重慶外交部。一〇二〇號。廿七日。中立法修正案本日通過，參議院票數為六十三對三十，本案要點為：廢止軍械、軍火、軍用品之禁運，而一律改用現購自運原

則；美國船隻不准往歐洲戰爭區域，但亞洲不在禁域之
內。餘俟全文印出後續陳。此案現交眾議院，恐仍有修
改，預計下月中旬可通過云。適。

美參眾兩院通過案中立法新案

（中央社華盛頓四日合眾電）參、眾兩議院業於昨日通
過兩院聯席委員會所擬之新中立法案最後草案，該案當
即送交總統簽字，羅斯福總統之外交政策，至是獲得勝
利。新中立法案通過後，國會即將休會，至明年一月再
行召集。參院外交委員會主席畢德門稱：聯席委員會所擬
之草案，與原來所擬之法案，有三點不同：（一）中立國
船隻運載購得之美貨，駛往非戰區，如太平洋及大西洋
南部時，其貨物之所有權，仍屬於美國，至運抵目的地
為止。（二）在新中立法實施之前，駛往歐洲戰區之美
輪，美政府應加保護。（三）無線電、電話、電報、海底
電線各交通機關，可免受禁止借款與交戰國之限制。

（中央社華盛頓三日合眾電）新中立法案既經通過，參
院隨以四十六票對二十五票，眾院以二二三票對一八九
票通過休會案。眾院中之共和黨議員，雖堅主國會在歐
戰期內不應休會，但當投票時並未表示如何反對。又昨
日通過之新中立法中有一附條，聲明美國公民根據國際
公法所享之權利，決不放棄。

（錄自重慶中央日報民國二十八年十一月四日）

第二節　美國廢止美日商約及實施禁運

一　美國宣佈廢止美日商約

畢特門嚴正議案

（中央社華盛頓二十七日哈瓦斯電）參議院外交委員會主席畢德門，頃在參議院提出決議草案，主張授權總統得在商業上對於日本決定限制辦法，內開：華府九國公約簽字國之一，倘危及美國公民之生命，或破壞此約而將美國公民所享有之某種權利與特權予以廢止，總統得在通告國會十日之後，在商業上採取限制辦法，加以報復，但美國農產品之輸出不在限制之列。此項提案望能於本年五月一日起付諸實施，為期一年。同時畢德門並向各報發表談話，略謂此項提案命意所在，乃欲迫令日本毋再以歧視待遇加諸中國境內之美國僑民，亦可視為日本破壞九國公約之答覆，一俟成立之後，羅斯福總統即可享有現所未享有之權力，而與日本商定一種方案，俾該國應允不復以鹵莽的方式作戰，因而危及美僑之生命，此事自較易為力。至總統所可決定之限制辦法，國會是否予以核准，當於十日之內加以定奪，以免貽誤事機云。

（錄自重慶大公報民國二十八年四月二十九日）

張彭春紐約來電

民國二十八年七月七日

重慶外交部。密。頃 Price 面稱：今午謁史汀笙擬促其赴華府婉勸當局，推進經濟制裁日本法案。據史氏稱，政府當局因中立法修正案未經下議院照原案通過，有礙

已定暗助英、法方案,昨日外交部長郝爾由電話徵詢史氏意見,史氏答復大致謂,在此中立法修正案進行不利之時,政府當局應在遠東問題中尋一出路,如對日採取經濟制裁步驟,即可使俄、英、法在歐多得行動自由,影響德之強硬態度,或可減少歐戰之可能,且下議院外交委員會中共和黨員之少數會員報告,曾斥民主黨會員不顧現有已侵害美國利益之遠東戰爭,而專眷尚未實現歐洲戰爭,甚屬非策。此時遠東問題如有相當辦法,對於其他國際問題之解決,相助甚多等語。查共和黨會員既有是項表示,如政府當局能得民主黨國會議員諒解,制裁日本方案所遇阻礙必較少於修正現時中立法,總統既關心歐洲時局,頗願暗助和平陣線國家,對德表示威脅,通過中立法修正案,又已感困難,何以不乘此良機走遠東路程。以上史氏所談,再三囑 Price 嚴守秘密,請勿宣布。按史氏與郝爾交誼頗篤,傳聞史氏對郝爾商戰政案,郝氏對史氏不承認主義互助甚多,此次談話似有相當價值。又按今日上議院外交委員會決定展期討論中立法修正案,該案前途似不甚光明,在此情形之下,某種對日經濟制裁方案在最近將來或有提出可能。不參加日本侵略委員會現正積極工作,促其實現。餘續聞。彭春。五日。

胡大使華盛頓來電

民國二十八年七月二十一日

重慶外交部。九六五號。十一日。國會參議院現有三個制裁日本之單獨法案:一為 Pittman 案,欲對違反九國公約之門戶開放原則者加以經濟制裁。二為

Schwellenbach 案，欲對違反九國公約之尊重中國主權
領土完整原則者加以經濟制裁。三為 Vandenberg 案，
因日本違反九國公約，故主張廢止一九一一年之日美通
商友好條約，並請美政府重召集比京會議。眾議院亦有
與前兩案略同之提案。兩院皆在外交委員會審查時期，
眾職院外交委員會三日前開始公開徵求意見，前北平協
和醫校校長 Rogergrene 昨出席陳述意見，據彼觀察，
諸案在本屆國會恐均將擱置，甚少通過希望。昨日紐約
時報亦作同樣觀察。胡。

胡大使華盛頓來電

民國二十八年七月二十七日

重慶外交部。九七一號。廿七日。昨晚美政府照會日
本，廢止美日商約。據聞係白宮、外部與參議院領袖協
商之結果，主要原因約有三：（一）為連日漢口、蕪
湖、北平各地美人受敵軍強暴待遇。（二）為江海各埠
之美國商業，在兩年來受敵軍種種限制、歧視、打擊。
（三）為政府中立法案之失敗與國會制裁日本諸案之擱
置，均足使侵略國誤解美國立場，故行政首領毅然作此
表示，使歐、亞之強暴知美政府實有制裁暴行之權力，
但不經易行使耳。參議院兩黨領袖對此舉均表示贊同，
國內輿論之一致贊同似可預測。容續陳。右電乞抄送蔣
總裁、孔院長及翁詠霓、王雪艇諸兄為感。適。

二 美日商約廢止後各方的反應

張彭春紐約來電

民國二十八年七月二十八日

重慶外交部。（一）美政府取消美日商約消息發表後，不參加侵略委會員立即聯絡各和平組織，電請各地有關團體及人士致電總統及國務卿，賀其採取之步驟，並促其繼續主持正義。（二）現正與 Price Leaf 舉辦下六個月各方活動大綱及步驟，彭離美後，關於此項工作由于竣吉兄秘密與彼等接洽電部。（三）美國現既有動作，英國能否採取同樣步驟或他種積極表示，似係目前極應注意問題。彭定七月三十日早飛英，三十一日下午抵倫敦參加活動，勉盡棉薄，是則可於英國國會閉會前四日趕到，進行接洽。請將此電轉呈總座及庸、岳二公。彭春。二十七日。

顧大使巴黎來電

民國二十八年七月二十八日

重慶外交部。——四八號。廿八日。美廢日美商約，此間輿論一致表示快慰，右派報惜美方行之太遲，未能免英方對日之屈服。又稱英與日協定意欲逼俄、美表示態度，其目的業已達到。左派人道報則稱，英、法屈服，藉口俄、美態度不明，俄對日強硬由滿蒙戰事一節即可證明，美亦以廢約表示態度，俾臻英、法再無藉口云。鈞。

錢大使不魯塞爾來電致電

民國二十八年七月二十八日

重慶外交部。三九八號。廿八日。日美條約廢止，此間認為美國對英遠東政策表示不滿，予日本以嚴重警告，民報論說惜其未及早實行，希望他國步其後塵。泰。

胡大使華盛頓來電

民國二十八年八月三十日

重慶外交部。九八九號。三十日。本日發表之民意測驗，關於美政府廢止日美商約事，贊成者百分之八十一，不贊成者十九。又關於六個月後商約期滿，美國應否禁售軍火原料與日本，贊成禁售者百分之八十二，不贊成者十八，以上測驗最足證明美國行政首領之具體作為最能領導人民意志，而立法機關對行政領袖外交權力之懷疑，實不代表民意也。此電乞轉陳蔣、孔二公，並抄送翁、王、陳諸兄。適。

顧大使巴黎來電

民國二十八年十二月三十日

重慶外交部。一三〇三號。十二月三十日。據密報：英、法勸美允日本繼續日美商約，以日本保證在歐戰期內尊重法、英、美在遠東之屬地為交換條件，此層美國未必同意，但美反蘇意濃，同情英、法甚深，又見日本顯欲與美接近，能否堅拒英、法提議亦難斷定，請察。又據報，芬使密告法方要人，俄迭以大隊空軍轟炸城市，日燬一城，勢難久持，要求速以飛機接濟，而法國僅允給卅五架，尚未能即交。鈞。

北美合眾國與日本

北美合眾國廢止與日本之商約，受全國各方面一致稱贊與活躍之回響，各報紙均重視此次廢止與日本之條約，以為係在中國戰事開始後，政府最重要之外交步驟。紐約泰晤士報，即以其首幀社論討論此問題，其標題為「警告日本」，其言曰：「日本政府，無絲毫理由懷疑最大多數之美國人民全體，均作外交部舉動之後盾，此舉動可鼓勵正在度其艱難時期之中國的奮勇；吾人對於中國人民極為親善，而制裁日本之對其侵略，吾人並不慚愧宣布因純粹商務之利益，致迫吾人甚願保障中國門戶開放之原則云。」又有其他紐約大報紙，名每日新聞者，著論曰：「若吾人禁止對日本輸出，則不啻剷除日本之軍用機械，吾人覺英、美應以根本之動作與日本軍閥以打擊之時機，已漸接近，英、美合作對日本之海上封鎖，亦為吾人顯而易見之事，此種封鎖，將起於遠距離之處，由新加坡與嘎灣，阿列烏特各島開始云。」前鋒論壇報，估計日本與美國商務之輳輯，能與日本以何種損害，其言曰：「最近兩年內，日本售與我國財政機關之黃金，值四萬三千五百萬美元，所售之白銀，值四百萬美元，此種買賣行為，不僅將可購美國軍用物品之美國貨幣，給與日本支配，並且可給以當地金融市場向不標日圓兌換價格的國家之貨幣，以便其購此等國家之貨物，此種眾目昭彰，何等有力之武器，執於美國政府之手者，即係停止購日本之金融。」飛拉德菲亞州出版之股庫艾倚列爾報，其反日之精神，亦不薄弱，其言曰：「大總統及國務卿（外交部長）均有勇

氣，施行第一實際之步驟，以阻止此美國參與在中國野蠻而違反條約之侵略。」廢止與日本之商約，係北美合眾國廣大之政界中，因日本在中國有計劃的損害美國利益所激成不滿之結果，日本在中國之侵略，給美國在中國的商務，極嚴重之打擊，應計算者，即係其在中國之對外貿易，美國於前不久之時期中，始佔第一之地位，據美國報紙之確實記載，於最近過去二年中，美國在中國之損失，已超過一萬萬美元。

　　美國民眾公共之意見，對日本有極仇視之傾向，對中國人民親善及抵制日貨之活動，此間均以廣大之規模行之，要求政府以較有力之方法，反對日本侵略之呼聲，漸囂塵上，但此事與孤立派及經濟上與日本有密切關係之資本團體，處於矛盾之地位。現在被廢止之日美商約，係訂於一九一一年，其內容係依習慣上此類文書之條文，調整兩國間商務領事之關係，與保護僑民之權利，及其餘之類此者；其中最要之意義，係原則上給對方以「最惠待遇」（依條約第五條之效力「美國對輸入美國之日本貨物，不應課以較高於對自他任何國家所輸入同樣貨物所課之稅。」）直接發動廢約之原因，係國務院向參議院外交委員會提出，參議員畢特門請禁止對日本輸出軍械之議案。紐約泰晤士報又謂此種提議，致引起一問題，即係此類禁運辦法，有無違反現行與日本之各條約，彼時參議員汪登堡遂提出另一議案，即於六個月前，通知日本廢止條約，於是條約於一九四〇年之初，即自動失效，並使禁止對日本輸出，有實現之可能。美國與日本商約之轕轇，關於日本經濟之意義，伊

立鄂特、傑烈烏艾爾在紐約泰晤士報上發表一論文，其言曰：「廢止條約一舉，已關將來進行之途徑，使美國反對日本企圖在亞洲建立其主人翁之地位，此一步驟，美國政府已打擊著日本之弱點，即係對其對外貿易，且已為政府開闢途徑，於國會一月開例會時，提出禁售軍用品與日本之議案。」此論文作者，引申美國與日本貿易之數字如下：一九三九年前五個月，自美國輸出往日本者，值 96,290,000 美元，比之一九三八年同時期為 109,669,000 美元；同期間，由日本輸入者，值 50,242,000 美元，比之去年則為 47,849,000 美元，入口有若干增加者，其原因係日本政府對於絲之不自然的加價所致，由各種出口貨物中增多者，為輸出往日本之機械品，曾如以上所論述，如碎鐵、石油等，日本幾完全購自美國，據傑烈烏艾爾所論述，日本航空機所用之燃料，幾完全由美國輸入。

廢止與日本之條約，係由多數經濟、政治之結果孕育而成，政府此舉，為全國民眾意見所擁護，含有其徵兆之性質，此事實指出美國人民維持反法西斯侵略奮鬥之政策。（民國二十八年八月十二日譯）

三　外交部長對美宣布廢止美日商約發表談話

（中央社）外交部王部長頃就美國宣布廢止美日商約事，對外國記者，發表談話如下：　美國素以富於正義觀念著稱，中國對於美國人民，尤素富有堅決不搖之信仰，美國務卿赫爾，現已以一九一一年美日商約中含有條款，須予以從新之考慮，照會日本，於六個月期滿

後，將該約廢止。美國政府之為此種決定，予知其必已
將日本軍閥在政治、商務各方面，所造成之「東亞大紊
亂」予以充分考慮。該約之宣告廢止，實可視為美國願
意維持其太平洋區城之地位與威望之一種表現，美國政
府如能由此進而採取更確實、更積極之態度，於其權力
範圍內，盡其能事，以遏止國際間之凌亂無法以恢復國
際間之和平、互信及好感，則尤為吾人所馨香禱祝者
也。實在美國對於遠東及世界其他部分之和平，均能實
施其決定的威權，而無須從事戰事，美國之力量威望及
其輿論，苟能以明白之舉動，為確切之表示，則足使國
際間之正義、法律與秩序，均獲有裨益也。

（中央社）戰時首都自接美國政府告廢止一九一一年美
日商約後，我政府當局及人民咸認為此乃美國政府表示
極端關心遠東局勢之初步，自日寇實行侵華以來，各友
邦皆以最大忍耐，靜觀其推移，美、英各國對日寇屢為
友誼之忠告，彼不但置若罔聞，而侵略各友邦在華利益
之行動，變本加厲，益趨積極，推其用心，非根本推翻
美、英各國之遠東地位不可，最近寇軍在侵佔區域內，
侮辱迫害各國僑民之事，更舉不勝舉，羅斯福總統似已
痛切感覺日寇行動，決非空言所能曉喻，不得已乃採取
廢止商約之舉，促其反省。日寇出口貿易以美洲為最大
主顧。幾佔全出口額百分之七十，若美、日兩國變成無
條約狀態，則日寇出口貿易所受影響之大，誠非數字所
可計算，其經濟基礎之崩潰，僅為時間問題。且日寇所
需要之棉花、生鐵、鋼、汽油、木材等，皆將斷絕來
源，其軍事行動，必受重大打擊，蓋無疑義，東京、大

阪證券市場，已發生暴跌風潮，可以窺見其人心之動搖矣。廢約生效期間，雖在六個月以後，但在未生效力之前，美國總統亦有權提高日貨入口稅率，或禁止日貨入口，故羅斯福總統於廢約後所採取之第二、第三步驟，更為舉世所注視，我國朝野對於羅斯福總統採取此種斷然措置，莫不欽佩其高邁之認識與果敢之決心，日寇在過去兩年間所受打擊，以此次為最重大，其將成為致命之打擊，蓋有充分之可能性，觀日寇各大新聞所表示之態度，勸告其國民須力持鎮靜，足見其內心之恐慌，迥非尋常事件所可比擬矣。

（錄自重慶各報聯合版民國二十八年七月二十九日）

四　美政府將對日實施禁運及經濟制裁

于焌吉紐約來電

民國二十九年一月十三日

重慶外交部。二三三號。十三日。不參加日本侵略委員會秘書 Price，頃由華盛頓歸，據稱，先後與外交部東方司長及顧問，上議院議員畢得門及施瓦倫勃詳談，分列如下：（一）美外部主張避免過激舉動，對日政策逐漸加強，道義禁運及經濟制裁有實施可能，現在決不續約交換條件訂定臨時辦法，畢氏、施氏仍主張用立法方式實施禁運，外傳畢氏態度稍變，不確。（二）史汀生發表長函主張禁運後，美國輿論尤表同情，史氏已允將該函印送上、下議院議員。不參加會副名譽會長 Lorenz Lowell 及報界名人William White 亦允廣播鼓吹禁運。（三）美國朝野對華同情及制裁步驟，與堅強

抗戰決心為正比例。此電可否轉呈院長、副院長？乞鈞
裁。職于焌吉叩。

胡大使華盛頓來電

民國二十九年一月十八日

日美商約如期廢止已無問題，日方初欲與商訂新約，又
曾提供過渡辦法，美政府均未接受。據現勢觀察，一月
二十六日後日美貿易關係將祗以國際公法及美國法令為
根據，美總統可審察入口稅則，對日貨增加罰稅（對德
貨及義絲已實行）。對日船增加船鈔及口岸稅，建議依
據節制軍用原料法，禁止某種美貨運日，但以上各種辦
法之實行，恐須視日本態度而決定，因美方此時不便壓
迫日本，易致失去和平調解可能性，又恐引起國內孤
立、和平派之反對也。對日禁運問題，其權操在國會，
畢特門表示參議院外交委員會現有提案二起，擬俟一月
二十六日後開始審查，於一月三十一日公開徵詢意見，
屆時擬請美外長等表示意見云云。此問題本屆國會能否
通過，其關鍵亦在日方態度與將來事實演變，按照目前
情形，阻礙頗多，此案通過似非易事。又參看民主黨議
員提議，請總統對中、日兩國實行中立法，因兩國間已
有戰爭狀態存在云云。此種提案似無通過機會。胡適。

段茂瀾與美使館秘書莊萊德的談話

民國二十九年五月九日

　　美使館秘書莊萊德君 Mr. Drumright 最近自美返
渝，民國二十九年五月九日下午來部訪晤，茲撮記其要
點如下：

一、莊君觀察，羅斯福總統本人不運動作第三任候選
　　人，惟如民主黨擁戴之，則不謝絕。以消極作法
　　求聯任。

二、莊君以禁運案無實現可能。美國輿論及國會均極主
　　張實施禁運法案，惟美政府主張慎重。以此點論，
　　人民思想實較政府積極。政府之顧慮，為恐因禁運
　　案而促成下列兩事：（甲）日蘇之接近。（乙）蘇
　　聯中止援華。如日方在華再有妨害美方權益事件發
　　生，如在華中企以偽幣壟斷金融等事，則禁運案或
　　可提出。

三、美國可以其他方法援華，如借款或擴大「道德禁
　　運」於其他軍需物品如廢鐵等。

四、參議員 Schwellenbach 擁護禁運最力，惟已被任為
　　法定 Federal Judge，六月底即將離開參議院。

五、美使館副武官麥克猷將於六月中返美，不再回任。

五　羅斯福總統簽署禁運法案

簽署禁運案消息

（中央社據美國國際新聞社華盛頓三日電）羅斯福總統
頃簽准五月中通過之一項議案，內中授權總統禁止各種
軍需品出口，羅斯福於簽字後，立即頒布四十六種規定
貨物，自下星期四起，非經特許不得輸出。又國會議案
中，曾授權總統，適應國防工業所需之速度，隨時命令
工廠提高每週四十小時之工作規定時間，惟總統於招待
新聞界時，曾表示彼不擬於目前實施此項法令，據稱，
在兵工技術人員中之失業或改業者，全部獲得職業或恢

復原業以前，陸、海軍以及私人工廠之工作時間，仍將保持原定最高時限，彼曾告知國防顧問，希望彼等盡量吸收熟練技工，並告以政府擬動用救濟經費存款中之十萬萬至十五萬萬美金，用於國防工人方面，以資鼓勵云云。總統發表之禁運公告內稱：國防顧問委員會原料生產部份有權決定禁止出口之貨物，及禁止出口之數量，藉以確保國防原料之無缺。據官方人士稱：政府目前尚不擬實行澈底之禁運云。政府業經宣布禁運之貨物內中包括橡皮、錫、生絲、鉛、其他金屬及機械。又羅斯福總統近以陸軍總司令之資格，任命麥克思維中將為出口統制局長，據總統稱：此項職務純屬軍事性質，將來國防顧問委員會有何決定，將與之磋商云云。又日本所最為需要之碎鐵、銅及汽油，顯亦為總統禁運權限以內之貨物。

　　　　　（錄自重慶時事新報民國二十九年七月四日）

胡大使華盛頓來電

　　　　　　　　　　　　民國二十九年七月三日

重慶外交部。一一四八號。三日。美總統昨日公布：軍火、二百萬紙幣、國防上所需要之用品等四十餘種，須有出口證始可外連，但廢鐵不在內。又德國照會各國請其撤回駐荷，比、那威等國使節，聞美方將照辦，但留領館保護僑民利益。又關於有田公布之所謂東亞門羅主義，外長解釋謂美國政策仍以國際公法及條約為根據云。又國會參議院陸海軍委員會，通過總統新任命之陸長史汀生及海長諾克司，即將提出參議院，聞通過無問題云。

美總統頒佈禁運令的經過

據七月二日美京特訊，美總統羅斯福，根據同日美
國國會所通過之「加速及鞏固國防軍事法案」所授予之
特殊權力，頒佈「軍事法令」，統制美國一切與美國國
防建設有關之原料出口，此後一切軍火、軍械、軍事原
料出口，概交一特種軍事統制機關管轄，而該軍事出口
統制局，則由美總統以海陸軍總司令之資格，指派其局
長，對於一切貨品之出入，能否准許，該局長得令國務
卿遵從，是其權力且比國務部為高，該局除向美總統直
接負責外，並不受任何機關統轄。

「加速及鞏固國防軍事案」要點

此次美總統所頒明令，實根據美國會最近通過之
「加速鞏固國防軍事案」。茲將該案之第六章全文，譯
錄如下：「美國大總統，於認為任何軍事器械、軍火或
其部份機件，及一切與國防軍事之設備、使用、出產有
關之貨物出口，有對於美國國防需要時，大總統除於自
己所曾頒佈之例外規定外，得隨時頒發明令，禁止或減
裁此項貨物之出口。

「此種大總統明令，概須將包含在禁止出口名單之
列之器具或材料詳細說明。倘有違反此項明令或其個別
規定者，政府得科以一萬元以上之罰款或兩年以上之監
禁，或監禁與罰款兼施。本法令所授予大總統此種之權
力，非經國會另取行動時，直至一九四二年六月三十日
止，繼續發生效力。」

禁止出口貨物名單

羅斯福總統，當日即根據上述法案，頒發明令，統制下列貨品的出口：

（一）軍火，軍械及軍事用品（在一九三七年五月一日大總統明令禁止之列者。）

（二）下列各重要軍事及交通原料：一、鐳。二、□。三、石棉。四、□。五、棉裏傷布。六、麻。七、黑鉛。八、獸皮。九、工業用石鑽。十、錳。十一、鎂。十二、麻絲。十三、水銀。十四、磁石。十五、鋁。十六、光鏡。十七、白金屬礦物。十八、石英。十九、金雞納霜。二十、橡皮。二十一、絲。二十二、錫。二十三、樹脂。二十四、桐油。二十五、□。二十六、羊毛。

（三）下列化學品

一、阿摩尼及阿摩尼酸類用品。二、綠氣。三、硝酸。四、硝酸鹽。五、Nitrocellulose（其硝鹽成份不上百分之十二）。六、蘇打石灰鹽。七、□及硬石膏。八、鍶。九、噴煙硫酸。

（四）飛機、飛機機件及鋼甲

一、飛機機件及其他，在一九三七年五月一日之法令所未列入之飛機裝備品及附設用具。二、未列入一九三七年五月一日所頒佈之名單內之種種鋼甲。三、不能擊碎的及禦彈玻璃。四、透明之石膏質。五、為測量射擊及航空試探所用之光鏡材料。

（五）以下之種種機器工具（包含製做鑛產之機件）

一、鎔化機或鑄模機。二、壓榨機。三、切鑛
或磨鑛機（用電力使用者）。四、鎔接機。

以上物單所規定之貨物，得由國務部酌量禁止出
口，如有例外時，該部得以頒發特別准照，或遵
照大總統隨時所發之明令，予以限制或弛禁，但
國務部須絕對服從軍事出口統制局局長之通告。

美大總統此次明令，對於我國及暴日，饒有重大意
義，因其實行，即無異於必要時，對某一國家實行禁
運，但是這明令顯然有些不週全的地方，就是這命令並
沒有暴日所亟需的軍事原料，如煤油及廢鐵包括在內。
據羅斯福總統的解釋，這命令所以沒有包括廢鐵一項，
是因為美國存有廢鐵極多，不虞缺乏，從這一點看下
去，美總統此次命令，其主要目標，似乎還不是在於制
裁侵略者，而祇是顧全美軍事原料的供給，因為，要是
美國真正要制裁暴日的話，那麼，禁運廢鐵和煤油，才
是正確有效的途徑。可是，有點值得我們欣幸的，就是
羅斯福總統現在已操有禁運的實權，祇要他下了制裁暴
日的決心，他不難運用這特權，對日禁運，和在禁止出
口名單上，加上煤油和廢鐵，以制日本侵略者的使命。

（錄自重慶益世報民國二十九年七月二十二日）

六　美續對戰略物資實施禁運

日本向美購買廢鐵不受禁運影響

民國二十九年七月四日

（華盛頓七月四日同盟電）美政府專家上星期五日對人

表示：日本由美購買之廢鐵百分之七十五至八十不受禁運之影響云。

外交部致駐美大使館電

民國二十九年七月五日

六月八日 *Christian Science Monitor* 內載：加省石油輸日近況，引起美國輿論反對，足見美油仍大量輸日。現美總統已簽准國防法案，並頒佈公告列舉禁運物品四十六種，石油是否在內，如不在內，能否利用目前美國民眾反調運油赴日，及日方威脅越緬運輸時機，設法使美方以石油列入禁運，並電復。外交部。

駐羅安琪領事館呈外交部文

民國二十九年七月二十九日

重慶外交部鈞鑒：美政府廿五日宣布，統制石油、廢鐵等輸出，此間向為對日輸出此項原料要港，有受重大打擊可能，有關各方均極注意，各報亦皆有重要登載及評論。茲將各方反響擇要分誌如下：

（一）此間領袖報紙 *Los Angeles Times* 二十六日登載該報美京特派記者長電，說明政府此舉意在對日、德、意施用壓力，同時並助英國及中國。該電復指明此項辦法對羅安琪港貿易或有重大打擊，因日方在美購油，大部以羅港為來源地，依商務部統計，本年以來在美購運廢鐵最多者為日本、英國及意大利，購運石油最多者為坎拿大、法、日及意云。

　　該報二十七日又載社評一則，認政府此舉實際

影響如何，須視實施程度而定。但此舉無論如
何，為修改中立法取消禁運軍火規定以來最嚴
重之步驟，此後隨時得禁斷此項原料赴日本及
德、意。現在對西班牙輸出石油已有不准實
例，但於日本方面則尚無切實行動。本埠為對
日輸出要港，將受如何影響，不久當可明瞭。
惟政府此舉或與取消商約具同樣意義，暫時僅
係一種對日警告。日方於美國此次行動自早料
及，觀其近來加緊在美購運以及在東印及墨西
哥另覓來源可知。但東印距日三千里，且所能
得者未必足應日方需要。墨西哥方面必須先修
築一長距離油管，始能運油，而該項油管工程
權，原在美國波士頓某公司手，美外部傳表反
對，實現可疑。日方雖警告謂禁運反響將甚嚴
重，但其本身亦非毫無顧慮。「日本既與德、
意勾結，敵對民主陣線，近復增其仇美態度，
而同時則又望美國濟以武器作攻擊美國之用，
實不可理解也。」

（二）*Los Angeles Daily News* 及 *Evening News* 於二十六暨
二十七兩日於「戰事分析」欄內對此事均有專
論。廿六日 *Daily News* 認此舉就對世界戰局影響
而論，實為歐戰發生以來最重大措施，所以助英
國，並所以脅日本。最近半月來日方在加省趕購
大量石油，美政府以此一舉已可阻其運日；對將
來油、鐵運日，並可隨時完全禁絕，美國對日著
重在經濟，日方如無美產石油及廢鐵，殆無法長

期繼續其對華戰事，並難向他方作軍事上之新企
圖。另一方面美方此舉之與英國加強對德封鎖，
先後緊接，或亦不盡偶然云。

二十六日 *Evening News* 同欄內推論此舉為英、
美合作計劃之一部，就英、美資源，視政策需
要，活動控制。在此項戰略之下，英國已與
西、葡成立協定，許西、葡於某種限度下，輸
入若干貨物，作為自用。又最近美方不准日方
租用美船運油赴日，但同時則許蘇聯租船運油
赴海參崴，似亦有同樣意義。廿七日 *Daily News*
更進論此點，推測英、美或有意利用蘇聯遠東
地位，以牽制日方行動云。

（三）*L. A. Examiner* 為 Hearst 系報紙，對此事未有社
論，就其二十六日國際社美京專電職察，傾向
似在不認此舉對日有重要影響。其電文中特別
指明命令中第一項石油產品僅指飛機用汽油而
言，不影響原油運日。此點該報所見，似頗確
實，惟其他各報對此均有意或無意忽視不論。

（四）羅安琪商會對外貿易部主任 Clarence Matson 於
二十六日發表談話，認政府此舉對羅港貿易不
至有何影響。測其意亦指日方在此購運多屬原
油，不在統制之列也。

（五）Oil Producers' Agency 會長 L. L. Aubert 廿六日
發表談話，略謂政府此舉結果，加省油產或有
每日減少六萬桶之必要，因日方於本年首六個
月內在加省運油日達 60,600 桶也。現在政府雖

尚無實際行動，但總統已有權隨時為此。日方
現傳已設法向東印及其他方面取給石油，美政
府執之過嚴，與維持遠東現狀政策或反有不利
影響云。

（六）美政府對此項命令八月一日起生效，目前尚未
影響對日輸出。二十七晨日輪 Genyo 丸載油
93,000 桶，自此開日。二十七晚 Yasukawa 丸
載廢鐵 1,400 噸，廢銅 45 噸，自此轉金山，加
裝廢鐵 3,500 噸開日。二十八日美輪 "President
Pierse" 開遠東，聞亦載廢鐵 300 噸赴日。又日
船 Hoyo 丸將於八月一日抵此，擬載油 90,000
桶赴日，即須適用統制辦法，Eiyo 丸將於七
月三十日抵埠裝油，聞擬於八月一日前趕離此
間，但事實上恐不易辦。又此次命令不包括廢
銅在內，各方多有表示驚訝者。

除以後發展隨時續陳外，理合呈報鈞察備考。駐羅安琪
領事館叩。

胡大使來電

民國二十九年八月三日

一六三六號電奉悉：美總統七月二十六日佈告，只將一
等高熔化度廢鐵、飛機汽油及機器油置於出口統制之
下，美總統七月三十一日佈告，前經電陳，則明確禁止
任何性質飛機汽油之出口，次等廢鐵與普通汽油仍得自
由輸出，佈告原文已航郵。

駐羅安琪領事館呈外交部文

民國二十九年八月二十日

重慶外交部鈞鑒：關於美政府統制石油及廢鐵輸出本埠
各方反響一事，業以七月二十九日外代字第四一一號代
電呈報在案。茲再將繼續發展情形分別略誌如下：

（一）七月三十一日美總統令禁飛機用汽油輸出，較特
　　　許輸出執照辦法，更進一步，本埠各報均於首頁
　　　有重要登載，惟尚無社評及此。此項禁令，對日
　　　方影響為何，似尚不明確，蓋據商務部統計，本
　　　年首六個月內美國輸出飛機用汽油總計 1,164,343
　　　桶，運往歐洲方面（幾全去英、法）者，達
　　　1,076,238 桶，日方所購多屬原油，該項飛機用汽
　　　油，為量至少。

（二）惟原令特許輸出執照辦法，解釋上不僅限於純
　　　飛機用汽油，凡石油之可提鍊出百分之三以上
　　　飛機用汽油（octane 87）者，以及飛機用潤滑
　　　油，tetraethyl lead 暨每加侖含三立方公分以上
　　　tetraethyl lead 之混合油，亦一律須領輸出特許執
　　　照。此點對日方及此間油業關係甚大，蓋是項質
　　　地原油，為對日輸出最大項目之一，每年至少在
　　　8,000,000 桶以上。雖特照制度非即禁運，美政府
　　　既有權准駁，或有重大影響可能。

（三）此間油業對美政府實際態度如何，似尚在觀望之
　　　中。其中某公司原與日方訂有合同，於此後半年
　　　內，大量運售赴日，但目前決定在美外部對特照
　　　命令有確切解釋以前，暫不裝運。據此間海關消

息，自八月一日命令實施迄目前止，本埠尚未有運出該項油、鐵情事，政府亦尚未核發特照。日海軍油船 Shiriya 丸定於本日抵埠，原擬裝運海軍用燃油 56,000 桶，但據海關消息，迄昨晚止，船方既未報運，關方亦未接有政府特照，該船雖係外國國有船隻，亦一律須受限制，非經特許，不得出口。

（四）日方租用美船運油赴日，實際上殆已由海商局完全制止，據報：傳海商局最近批駁租用者，計有下列各船：D G. Scofield, Sarrarappa, Elizabeth Kellogg, Torres, Cities Service Missouri, Cities Service Kansas, Lewis Luckenbach 等。惟蘇聯租用美船，則仍許可，最近加省美孚公司油船 W.S. Miller 即由蘇聯方面租用，自此運油赴海參崴。

（五）廢鐵輸出特照辦法，原限於第一號廢鋼鐵，如建築用鋼、船殼用鋼以及其他重鋼等，並不包括第二號，如汽車拆件、鋼鐵籠、鋼鐵箱櫃、鋼鐵屋頂材料，以及其他鋼鐵材料等。惟據報由本埠出口赴日之廢鐵，實際上以第一號為多數，以後或將有相當影響。又據紐約八月一日電訊，美國各獨立鋼鐵工廠，以 Luckens Steel Co., Coatesville Pa. 總理 Robert W. Wolcott 為代表，擬請美政府擴大特照制度，適用於所有各種廢鋼、鐵，俾保留供本國之用。

所有美政府統制油、鐵輸出，本埠各方消息，理合呈報鈞察備考。駐羅安琪領事館叩。

外交部致駐美大使館電

民國二十九年九月七日

美總統佈告所列舉統制出口物品，尤其碎鐵、汽油兩項，限定範圍過狹，奉蔣委員長令以據確報最近美政府竟核准運日碎鐵至三十二萬九千噸之鉅，高級飛機用汽油雖已禁輸，但可蒸溜為飛機用之汽油及原油，仍繼續許可。至工作機械核准輸日者，亦將達日方申請數之半數。似此仍未能予敵重大打擊，希電促注意，並設法策動擴大禁輸等因，希遵照，並提請美方注意。目前日本圖南進方亟，正好利用此時擴大，以戢其野心，盼將接洽經過電復。外交部。

胡大使華盛頓來電

民國二十九年九月九日

重慶外交部。一一九四號。九日。極密。十二號電敬悉：汽油與廢鐵兩事曾於一一九〇及一一九三號電陳述。現各項禁運，此時祇用自己國防需要為理由，故不能不採取漸進步驟。一一九三號電所陳廢鐵全部禁運事，現聞確係由國防委員會提出請政府裁決施行，此後仍是時間問題，其何時走何步驟，皆與國際大局及英、美實力密切相關，不能勉強促進。乞轉呈蔣、孔院長。胡。

胡大使華盛頓來電

民國二十九年九月十五日

重慶外交部。九月十四日。第一一九七號電。羅斯福總統現下令，對於下列各項實行許可證出口制：

1. 飛機、馬達、燃料之生產設備及該項設備建造之計劃

圖樣，及其他文件與技術方面之知識。

2. 製造飛機汽油所用之以太誘導體之生產設備，及該項設備建造之計劃圖樣及其他文件。

3. 飛機及飛機引擎建造之計劃圖樣及其他文件。

以上各種設備及計劃，昔多屬道義上禁運者，今悉在羅總統所實行許可證出口制限制之列。

外交部電駐美大使館
民國二十九年十月十二日

第三九號。據報美國政府近核准一百萬桶汽油運日，希注意在可能範圍內設法制止，並電復。外交部。

外交部電駐美大使館
民國二十九年十二月二十四日

據報：美實施出口統制，漏洞甚多，如鋼軌、舊船、廢舊電車及工作機械等，雖均在統制之列，而仍可運日，總統所頒各項統制命令，能否嚴格執行，又如飛機汽油，雖受統制，而普通汽油，仍源源輸日，稍加提鍊，即可用於飛機，此外如銅、鉛等重要戰爭原料，似尚未列入統制，即大使電稱，蘇各報載，日在美擴大購銅，本月兩日即購進七百噸，美銅價因之提高云，蘇方甚注意美能否澈底對日禁運等語，希一併查明，究竟最近廢鐵等受統制物品輸日之數量若何？其他物品如平常汽油等輸日數量若何？盼即電復。外交部。

七　擴大禁運

駐馬尼剌總領館來電

民國二十九年七月三十一日

重慶外交部。三六三號。三十一日。關於美總統頒令美油及廢鐵出口領照事，今晨據美最高專員面復，該令在斐不適用，職領當將三年內斐鐵苗及廢鐵運日數值造具統計表，請其轉電美外部注意，鈞部應否電駐美大使館交涉，乞卓裁。表另航郵，分呈部。總領館。

外交部電駐美大使館

民國二十九年八月三日

據馬尼剌總領館電稱，關於美總統頒令美油及廢鐵出口領照事，據美最高專員稱，該令在斐不適用，當將三年內斐鐵苗及廢鐵運日數值，造具統計表請其轉電美外部注意等情，希查照。外交部。

駐馬尼剌總領事館快郵代電

民國三十年五月三十日

外交部鈞鑒：五月二十五日國字第八〇九號代電計達，美國出口限制法令在菲實施一案，業經美總統於五月二十八日批准生效，謹聞。代理駐馬尼剌總領事楊光洰叩。陷印。

駐美大使館呈外交部文

民國三十一年三月二十三日

准美外部送來通知中南美各政府，美國禁止商行人民與日本經濟商業往來法令電文三件，並非正式表示希望我國亦採同樣處置。本館當告以國民政府二十七年十月二十七日公布之查禁敵貨條例及禁運資敵物品條例，與

財政部二十七年八月核定之銀行協助對日經濟封鎖實施
辦法，與美國此次處置，大致相同等語。理合檢呈電文
抄本三件，送請鑒察。謹呈外交部。

大使胡適　謹呈

美實施石油出口全面統制

（中央社華盛頓二十日國際電）羅斯福總統頃發佈命
令，規定所有石油產品之出口應一律實行最嚴格之憑證
許可制，以便政府可以隨時實行禁油出口。命令內正式
禁止所有油類自東部海岸出口，僅以輸至英國、埃及暨
拉丁美洲者為例外，即日、蘇及其他各國，無論擬自東
部或太平洋各港灣運輸任何種類之油或油之產品出口，
亦一律須請求主管當局發給許可證。

（中央社華盛頓二十日合眾電）總統實行油類產品憑證
出口制之命令中，曾謂：政府不擬進一步限制油類自美
國太平洋各港海灣出口云，但美國既已實施石油出口之
全面統制辦法，太平洋各港海灣方面，自亦須隨之成立
此等限制機構。

（中央社華盛頓二十日合眾電）羅斯福下令石油實行憑
證出口制度後，日本、蘇聯及其他各國在購買美國任何
種類之油或油產品以前，須請領憑證，因之東西部所有
各港俱可隨意實行禁運。日商最近力圖由費城購得油
二十五萬二千加侖，但日本此項策動，已遭國防石油產
銷管理局局長伊克斯之阻遏。伊克斯此令原欲阻止油類
自東部海岸運出云。

（中央社華盛頓二十一日合眾電）美參議員考飛發表廣
播演說，指責美國以大量軍需品直接運往日本，及經由

西、葡間接運往德、義，援助軸心國之侵略。據稱，現美國人民已澈底覺醒，並毅然決定必須立即採取行動，不容再事延宕，國會決議澈查「供給軸心國武裝之惡劣政策」，國人應予擁護。美國三年來每年售與日本之油，達二千五百萬桶，橡皮、鋅、鋼、錫、炭精等，為數極夥，此類貨物出口量逐漸增加，但商務部已停止發表出口數字。考氏繼論及日本進攻中國一節，據稱，吾人繼續以軍用品運日，及每年自日購買大量之絲，吾人對日本之侵華應負之責任，實較其他各國為大。

（中央社華盛頓二十日國際電）國防生產管理局局長諾德森，頃在參議院支付委員會稱，國防計劃可於一年內加緊進展，每月可製造飛機三千架。又參院方面訊，目下國防組織將予改組，權力集中於國防生產管理局，政府方面擬指定一人專負全責，海陸軍所需軍火之生產問題，將責成諾德森處理。

（錄自重慶中央日報民國三十年六月二十二日）

八　美加凍結日人資金

駐美大使館華盛頓來電

民國三十年七月二十四日

重慶外交部。八十三號。二十四日。據報：美方對日擬逐漸採取以下四種積極辦法：（一）截留日本在美資產約美金一萬三千一百萬元。（二）停辦日本運美金銀。（三）扣留日本在美船隻。（四）禁止油運日。關於第一、二兩項，聞美政府或於今晚有所發表云。大使館。

時昭瀛奧太瓦來電

民國三十年七月二十五日

重慶外交部。一三○號。二十五日。坎政府與美採平行步驟,將於二十六日晨凍結日人信用資產,公佈時亦聲明經中國政府請求同時凍結華人信用資產等語。下午五時外交部約往談及詢此案可否亦採上述語氣,本晚即發表新聞,時迫礙難電候鈞令,當電話胡大使請示,奉諭:「美政府公告確有此語氣,既係平行步驟,同一措詞,當無不可。」等因。六時已口頭轉達此旨。查在坎影響,限於僑民;自外滙統制條例施行以來,原則上無異凍結,明日新令,此間僑胞仍有特別申請權利,為防範外滙流落敵手計,另規定:(一)僑民滙款,嗣後限於港幣美金,不得購法幣。(二)滙票須由紐約、香港中國銀行信介。似此於僑民略有不便,並無實損,於國確有利益。謹聞。職時昭瀛。

第三節　美日談判

一　日美調整關係談判

日本在美國之宣傳

民國二十八年三月十三日　□□報登載

關於日在美從事宣傳活動之統計資料,頃已由「美國宣傳研究所」予以發表,據云日本在美宣傳經費,每年為三百五十萬至五百萬美元之譜,日本之宣傳機關廣延伸張,到處滿佈。至其宣傳之目的,或阻止美政府對日之經濟制裁,促進輸美日貨之增加,或誘勸美實業家

投資於在華及偽滿之日本企業，此外，則不遺餘力逢人遊說以破壞美海軍艦隊實力之強化。

　　日本在美設有若干專門機關，與東京「國際文化協會」駐美支部「日本研究所」專司宣傳工作，該機關即負責供給其代表人，工商各界、訪員、教師等以各項宣傳材料，並廣羅美國政論記者及大學講師等為其宣傳人員。其中已在國務院正式註冊，而實際充任該項宣傳員者計有（一）日本駐華盛頓大使館「顧問」弗烈得里克木爾 Frederic Moore （二）紐約日本觀光局代理人溫傑魯、卡路頓 Windel Colton（三）舊金山親日講師弗烈得里克、烏義亞姆斯 Frederic Ulyams 等。

有田會見美駐日格魯大使談調整美日關係

民國二十八年五月十八日

（同盟社東京十八日電）有田外相於十八日上午會見駐日美國大使格魯，該大使即將首途歸國，因藉便話別，同時關於中國事變為中心，日、美國交調整之根本方針，有田外相亦表明見解，即：鑑於日、美兩國間反復作公文之往還，徒使兩國關係趨於複雜，故乘格魯大使此次歸國之機會，說明帝國對中國事變現階段之根本方針，並帝國政府關於解決日、美懸案之主要見解。有田外相認為依滿洲事變後，廣田、赫爾換文所採取之外交手段，日、美間並無不可解決之問題，如以此日、美兩國間之歷史的友好關係之精神為主旨，在互相善意之諒解與正當認識下，努力折衝，各項懸案大可逐漸解決；外相在此堅確信念之下，以極率直之態度，披瀝大要如

左之見解：

一、鑑於日、美關係之實際情勢，日、美間各懸案，可
　　由兩國國民雙方之努力解決之。

二、美國對於日本之新秩序之理想，認為將來將阻礙其
　　在華權益之發展與安定，實則日本之所謂新秩序並
　　非如此之狹小與不合理。

三、對於東洋方面中國以外之區域上日本之發展，亦無
　　與美國權益摩擦衝突之性質，一如美國所憂慮者。

四、因此，如將日本建設新秩序之方針加以正當之理
　　解，不以國際會議等不合理之形式，而以日、美兩
　　國個別折衝，在善意與友好之精神下亦可解決日、
　　美兩國關係。

日駐美大使堀內的演詞（紐約同盟社電）

民國二十八年六月一日

日駐美大使堀內於一日晚宴會席上演說，其要旨如左：
世人似恐懼日本欲阻止美國在東亞之發展與機會，深信
此種掛念不久即可證明其為無根據。商業之門戶依然開
放，與日本有關方面，將來對於關係國必更廣行開放門
戶。日本之唯一目標，在於世界上自己部分內獲得相當
之安定，使該地內有秩序而發展繁榮。欲理解此目的，
必須使日、美間甚至東亞全體與美國之貿易提高至新的
繁榮水準。紐約萬國博覽會之目的在於「建設好的世
界」，日、美兩國相攜為友，至今約已一世紀之久，希
望此次日本參加萬國博覽會能使兩國理解與親善之關係
更為強化。

日本泰晤士報論格魯大使的演說

民國二十八年十月二十三日

（東京二十三日電）日本泰晤士報二十三日社論，對於美國大使格魯十九日在日美協會之演說論稱：格魯大使之演詞，乃其本國政府態度之反映，而美國政府之見解，無非根據缺少現實性之理論。日本現在大陸方面推行之事業，完全為建設東亞永久和平，美國以及任何國家，如不就此種觀點觀察，任何抗議，均不能使任何人滿足。任何國家，如不變更自己對日本之認識及心理的態度，欲與日本討論相互諒解，終將徒勞云。

日外務省情報部長反駁格魯大使的演詞

民國二十八年十月二十三日

（同盟社東京二十三日電）外務省情報部長須磨，於廿三日上午會見外國記者團，對於格魯美國大使所謂：「美國國民均明確了解遠東事態」一節，反駁如次：余直至最近為止，猶在美國任參事官，其間所接觸美國人中之大部份，不了解遠東情形，殊覺可憐。美國輿論均感情用事，英國一作家曾著論謂：「忠實之外交官，應介紹其駐在國之輿論，以誠意努力，將該國之輿論介紹之」云：對於格魯大使之演詞，必須根據此點作坦白之評價。又格魯大使之友人，前任德國駐美大使漢威爾遜曾謂：「美國輿論，因該國地理上地位之關係，每易忽略外交政策之重要性」，格魯大使對於此言，亦應加以回憶。美國政府及國民，應注意遠東事態，且希望美國關於遠東問題之意見，以實際的構成為基礎。余曾出席

Society of Quaker 當時會長於開會詞中曾斷言:「須磨參事官現欲講演者,恐屬錯誤之詞」云云,此為美國人感情用事之一例。而此種對於日本人之感情的厭惡,乃由於惟恐日本貨物對美進展之心情所引起也。

胡大使華盛頓來電
民國二十八年十二月四日

陳布雷 MARCH,重慶 SENSE,美國政府對遠東態度,最近更為明顯,美駐日大使格魯十月十九日之演說,明是一種挑戰書,其作戰之武器,仍是日美商約廢止後之對日經濟壓迫。現距國會重開不過一個月,距商約失效不滿二月,日人近日頗手忙腳亂,造作各種流言,或謂日、美不久將訂新約,或謂中國西北各省赤化更深,或謂中國國共水火,不久將決裂,或謂美國若相逼太甚,日本將與蘇聯攜手,共同對付民主國家,此諸說自相矛盾,不能取信於人,白宮與外部均不為所動。上星期外部聲明從未與日本商談新約,並云此問題前途,當看此後如何演變云。對華第二次借款,已由光甫與美財政部商談多次,光甫與適均盼借款能於國會重開前告成,以現勢觀之,或有如期實現之可能。至於日美商約之如期廢止,決無問題,現問題乃在廢約後國會能否通過對日經濟制裁案,依適觀察,此種提案,下屆國會當可提出,贊成者亦必甚多,但阻力恐亦不少,明春恐未必順利通過,其阻力有三:(一)為和平孤立分子,懼牽入遠東戰爭。(二)為南方各州不願完全犧牲棉花貿易。(三)因中立法禁美船隻開往歐洲戰爭區域,美航業已蒙大損失,海員失業者甚多,故國會對封

鎖日本案影響所及，恐有甚大顧忌。此外尚有政治原
因，蓋明年為大選舉之年，總統、副總統之外，眾議院
全部改選，上議院改選三分之一，兩大黨方面對國際重
大問題，恐有將存審慎態度。故鄙意揣測，日美商約廢
止後，下一步舉動，若全靠國會立法，則必曠日持久，
故仍須白宮、外交部運用事勢，在行政權限之間，先便
宜行事，最低限度，可先做到對日貨進口加懲罰稅，或
利用軍用品原料節制法，禁止若干項原料貨品售賣與
日，此種行政設施，比較容易辦到。鄙意明年大選舉之
前，我方所能期望於美國者不過如此，若敵方對美老羞
成怒，而大發瘋狂，則局勢演變，或大出今日吾人意
表。今年若無封鎖天津英租界，侮辱英國男女，及侮辱
美國人等事，則七月二十六日廢止商約之舉，亦未必能
如此神速也。右電乞陳介公，並乞抄送庸之、亮疇、詠
霓、雪艇四兄各一份為感。適。支。

外交部致駐美大使館電

民國二十八年十二月二十日

駐美大使館。一四九七號。廿日。敵宣布開放長江京滬
段。又十八日野村與格魯會談，似允諾解決懸案，能否
探悉其內容？美政府及輿論對日本此種討好美國措施，
如何看法？有無墮其彀中之虞？外交部。

胡大使華盛頓來電

民國二十八年十二月二十日

重慶外交部。一〇三八號。十九日。日本開放揚子江下
游事，美外長對報界云：將俟其開放並核詳細報告後再

表示意見，美外部負責人員則謂開放揚子江祇許多懸案中之一個問題而已。適。

部長與英大使卡爾會談

（一）二十九年一月五日上午十時半，部長在官舍接見英國大使卡爾爵士，歐美司劉司長在座。

卡爾大使謂：上海方面輿論，認為美國政府對日政策近來大有軟化之趨向，美國私人方面對於此項意見，間或有加以證實者。渠本人之看法與此相反。不知華方有何新消息？部長稱：據我方所得報告，美國政府決不致變更其基本立場。日、美間懸案，除美方已提出之六百案外，尚有其他重大問題，據日方報紙所載，格魯大使已向野村外相提出此項重大問題，現在日本對於上述六百案，祇允解決三百案，美方自不能認為滿意。且美方開放門戶主義，根深蒂固，由來已久，任何人當政，均不能予以蔑視。最近胡大使亦有電報告，羅斯福總統切實保證決不變更其遠東政策，似可毋肩過慮。卡爾大使詢及美方對於開放揚子江下游問題是否與英同樣冷淡？部長答稱：美方對此極為冷淡，因長江開放問題，不過美、日懸案之一，日方現祇允開放下游一部分，自不能使美方滿意，美方已有此種表示。卡爾大使聞悉之餘，頗為欣慰。

（二）二十九年一月八日下午三時卅分，部長在官舍接見英國卡爾大使，歐美司劉司長暨英大使館柏美德Broadmead 參事在座。部長詢及英方對於日方開放長江下游之建議如何看法。卡爾大使謂上海英方人士對於此

事極為懷疑，因日方所欲加之條件尚不明瞭。部長謂日
方此舉無非欲引誘美國改變其態度，但據我方所得報
告，美國在一月二十六日美日商約滿期以前，決不致作
何讓步。最近日本報紙登載格魯大使曾向野村外相表示
美日懸案六百件不過係重大問題之一部份，所謂重大問
題，當係指開放門戶，機會均等問題。美國深知長江下
游之開放，僅利於英國，而與美國幾毫不相干。日方此
舉，顯已失敗。卡爾大使對此深表同意。

胡大使來電

民國二十八年一月八日

世電至感。賤恙今日醫云已全愈，不久即許出醫院。美
政府世日復東京牒，態度之強硬堅決，為向來所未有，
而後半明白宣示放棄中立條約修改，須經關係國用和平
協商方式為之。日軍人正瘋狂必不肯採此和平協商方
式。昨參院外交委員長畢特門宣言，日答復若不滿意，
美國應採取經濟制裁。據畢所云，總統有權可禁日貨進
口，但禁美貨運日則需國會通過。畢又言經濟制裁必不
致促成戰禍，因日本必不敢對美宣戰也。總之，此三個
月中，美政府對德、對日均表示最堅定態度，造成不易
挽回之局勢，使輿論與國會均不便公開反對政黨外交政
策，故以後發展應較順利，英美合作，更無可疑。最近
有田宣言與近衛聲明，美國輿論均不重視，介公儆日
駁近衛語，美報有扼要登載。汪先生主和事，頗引起
注意，元旦政府毅然處分，各報均極重視，認為抗戰
決心之最明表示。此電乞陳介公，並轉庸之、亮疇兩
兄，至感。

二　野村赴美

外交部致駐美大使館電

民國三十年五月二十日

近日敵方傳出請美調停中、日戰事消息，想係故放空氣，究竟日方曾否經任何途徑向美方試探，希設法查明電復。外交部。

胡大使華盛頓致陳布雷電

民國三十年六月四日

重慶外交部。五九號。四日。極密：一四六號電敬悉，自野村來任大使後，頗謀改善日、美關係，倡言松岡之軸心同盟，實非天皇與近衛本意，又倡言日本對英、美根本無敵意，又有人謂小倉正恒入政府，可證工商界領袖將漸抬頭，軍閥將漸失勢，又有人謂美國若肯對日略表好感，則日本脫離軸心國家轉而保障太平洋和平亦非絕不可能云。凡此諸說，在此時機頗能歆動一般主張全力援英而放棄遠東之人士，因聞共和黨候補總統威爾基，亦頗為所動。但適曾與外交部長及其他要人細談，據彼等切實密告，約有數點：（一）海軍確有一部份調往大西洋、包括主力艦駛往，但所餘太平洋海軍力量仍足控制日本，況有新增統制空軍力量，尤足使強暴顧慮。（二）調停中日戰爭一層，日方至今並無正式之探詢與請求，美國亦未曾加以考慮，此種重要問題，美國在詳細徵詢中國政府意見之前，決不輕於考慮也。（三）在目前國際形勢之下，美國雖不欲挑起兩洋戰爭，然亦深知日本之野心企圖，故美國對遠東並無拋棄或軟化之意，最近斐島出口貨統制案即是其一證。右電

並乞密陳蔣、孔院長及翁文灝、王世杰部長。適。

附註：一四六號去電，關於敵傳出請美調停中日戰爭
　　　消息事。又此電已代轉翁、王兩部長。電報科
　　　謹註。

駐英大使館倫敦來電
民國三十年七月二十日

重慶外交部。一六六號。十九日。據此間巴西大使密
告：重光離英前曾與談，主張日本與英、美妥協，其方
案大致如下：（一）中、日戰爭由英、美出為調停。
（二）英、美承認日本之遠東勢力範圍圈。（三）英、
美保證日本在荷印及澳洲購運原料特權。彼並擬渡美復
謁美總統與國務卿商談，駐美日使野村所見相同，並擬
合力進行云。大使館。

胡大使華盛頓來電
民國三十年八月二十八日

重慶外交部。第一一三號。廿八日。極密：本日敵使野
村謁總統面遞近衛致總統函，適據確訊，函內容僅為表
示願意重續久擱置之談判，並未涉及具體決定云。適。

郭則范維琪來電
民國二十年九月十六日

重慶外交部。四二七號，十七日。密訊：此間日大使今
晨赴巴黎與日駐德大使會晤，德駐軍司令今晚設宴歡迎
彼等。又日大使對某記者談話，日美談判，彼頗樂觀，
因日無意與英、美、俄作戰。惟其難點卻在解決中日戰
爭，彼又謂日方向願與中國媾和，即使撤兵亦未始不
可，惟滿洲國則係已成事實。日政府決難讓步云。范。

美日繼續談判

民國三十年十月五、六日

（中央社上海四日合眾電）據確息：日首相近衛已獲美總統羅斯福之答覆，由美駐日大使格魯於上星期六，三國同盟一週年紀念日會見日外相豐田舉行談話時，親交豐田。豐田旋於星期一覲見日皇，提出報告，並於本週內不斷與東京方面高級當局舉行會議。羅總統覆文確切內容如何，尚無消息：惟據與東京方面有密切接觸者稱：日方認為目下國際局勢倘無意外變化，美、日談話當仍繼續進行。惟華府談話結果，短期間不致有何重要發展。日方對於前途表示悲觀，即由於此。日方對談話進展之遲緩，益形焦慮，因日本國內急進份子主張立即對美成立接近辦法，否則即進一步直接有所策動，以突破 ABCD 之包圍陣線云云。故美、日談話進步遲緩，足以對日本國內政局有不利之影響云。

（中央社華盛頓四日國際電）野村與赫爾會談時，曾謂日本願與美成立一種協議辦法，由兩國各以少數船隻駛往對方，運載郵件及乘客。美政府認為日本此項有限制恢復航運之建議，為日本恢復兩國關係之第一步實際行動。東京方面似正趨向於求得一般之基本諒解云。

（中央社華盛頓五日國際電）日駐美大使野村昨日突訪國務卿赫爾，建議由兩國設法指派少數船隻，行駛兩國港埠，裝運郵件，並搭載乘客。此議美方已予考慮。又傳美總統羅斯福已告日本：謂日本欲求美國對日談判於太平洋上成立接近辦法，必須由日方首先表示其有意弛緩其帝國主義侵略計劃。

（錄自重慶中央日報民國三十年十月五、六兩日）

三　關切美對日態度

美大使高思面達外交部長關於美日談判質詢之
答覆

民國三十年九月十五日

九月四日國務卿接見中國大使（徇胡大使之請），
中國大使探詢關於所傳美、日兩國舉行之談話。赫爾國
務卿告胡大使謂：日、美兩國所舉行之談話，係屬偶然
或試探性質，但雙方迄未覓得可作為談判之共同基礎。
美國政府甚至在考慮涉及中國情勢之任何談判以前，希
望與中國政府及其駐美大使討論全般問題，美國政府併
將與澳洲、英國及荷蘭各國舉行同樣之談話。

美國政府在與日方舉行談話時，心中固不斷具有根
據基本原則暨政策以解決整個太平洋問題之抱負，此項
原則暨政策，美國政府並無予以犧牲之意。

美國對日所採行之經濟上及政治上之辦法，乃係在
中國及太平洋其他地方某種情勢發展之結果，日本政府
對希脫勒征服世界計劃之明顯態度自亦包括在內，除非
招致此項辦法之情勢已有變更或竟消滅時，則上述辦
法將無變更或取消之望。同樣美國政府援助任何國家抵
抗侵略時，其政策亦係以基本原則為根據。此項原則包
括自衛之原則在內，此為美國議會及大多數美國人民所
極力擁護之政策，侵略若繼續進行而各國亦仍抵抗不懈
時，則各該國家均可望繼續儘量得到美國物質上、精神
上暨政治上之援助。

四 英報的評論

顧大使倫敦來電

民國三十年十一月十六日

重慶外交部。二八五號。十六日。（一）本週評論集中
邱相警告與日使赴美兩事。美、日談判，僉以東條政策
雖較近衞頑強，但如能使美了解，得到一部份要求，日
亦無意與美決裂，日所望者恢復日、美商務。解除封鎖
日人資產，美方停止助華並願於中國五大城撤退駐軍，
為交換條件，惟美須承認其在西太平洋之所行新秩序，
以美態度堅強，逆料絕不可能。至日之忽將追逼滇緬路
看法亦不一致，有以日軍大舉示威，尚未緊張，群促
英、美兩政府對此應取強硬態度。曼哲斯特導報論滇緬
路重要，與英一部份海軍衰延二百英里，日雖極難進
攻，殊不能必其不作一試，此與太平洋列強有絕大關
係，固應力速援華，且澳、蘇和華應共同商定詳細計
劃，以備萬一。（二）雖有德以冬令將停止蘇方戰事之
說，未必有大軍撤退之舉，難保不為最後進攻。倘德軍
被阻，今冬莫斯科能守，則德雖以為告成者，皆將認為
失敗，政治上影響尤甚於軍事。德、意欲截斷蘇方大軍
在北部與高加索之資源及在中東之英軍聯絡，如成將再
倡議和平，惟此已為邱首相所預料而先拒之矣。鈞。

第四章
日蘇關係

第四章　日蘇關係

第一節　日蘇簽訂不侵犯條約

一　蘇不否認與日商訂不侵犯條約

駐蘇大使館莫斯科來電

民國二十九年九月二十六日

重慶外交部。第二二一〇號。廿六日。二四一號電奉悉。蘇聯現時對日略同以前，對德盡力避戰，亦仍備戰，而慎密更甚。報章雜誌對日記載極少，更無論評，當局亦避免對於質詢蘇、日關係之具體答復，日前某公使與蘇外部談話，蘇政府曾謂，蘇、日絕不至作戰，但蘇聯在六月初旬尚力稱蘇、德友善，故亦無人信為蘇聯真對日本放心，一般觀察認日本正等待良機，目前德軍在南路略有進展，足增日本之主張攻蘇者之氣勢，但列寧城未陷，蘇軍在中路取攻勢，似尚非其時，蘇偽邊境衝突，此間偶有傳說，無從證實，遠東各館嘗送電告知，但蘇方倘不發表，恐亦難得確訊也。大使館。

附註：二四一號亞西去電，日軍開赴偽滿達百萬人，
　　　該館有無所聞等由。電報科謹註。

邵大使莫斯科來電

民國二十九年十月五日

重慶外交部。一八九二號。五日。三日兩電奉悉：蘇、日將訂不侵犯條約，此間使團亦有推測，且謂德國陸軍現無現用武之地，正對蘇威脅，使其與日妥協，但實際徵兆尚無所得。此時國際情勢極端嚴重，即使蘇真將出

此，亦決不肯事前告我，若並無此意，則我之詢問倘太質直，徒使其感覺不快，且我與英、美倘無法阻止其進行，則預知亦屬無用。張伯倫去職，似英有意對蘇作根本之調整，甚冀其與美同下決心，切實向蘇表示，而我同時作慎密之研究，方可挽此危局。明日蘇外部或可約談，擬委婉詳詢，乞時賜訓示。潘友新大使有何表示？亦盼密告。邵力子。

附註：三日廿八號去電，希氏赴邊境與墨氏晤談聞與日俄訂約問題，有關希密探由；又三日廿九號去電，日蘇將簽不侵犯條約，傳說甚盛，以後蘇對遠東取如何態度盼有一確答由。電報科謹註。

邵大使莫斯科來電

民國二十九年十月十七日

重慶外交部。一九〇四號。十七日。今訪蘇外部首席次長維申斯基，綜合所談：（一）蘇現時外交在辦法上有須適應情勢之處，而根本政策絕無變更。（二）對俄日不侵犯條約雖未肯斷言決不締結，但可信蘇並無此意，現亦未談及此。維氏任總檢察官多年，為史公親信，據其表示，美國有願對俄改進關係之談話，而事實尚少，似正待美之接近，其對我抗戰亦表示關切。邵力子。

邵大使莫斯科來電

民國二十九年十月二十六日

重慶外交部。一九一二號。廿六日。四十七號電奉悉。建川廿三日抵此，昨已見莫洛托夫，一般印象、謂建川不如東鄉，且認倭調回東鄉為不智。泰晤士報所稱一、二兩項似相矛盾，倭既承認外蒙為蘇聯一部，又何能在

庫倫設使？就整個言，倭無力結束對華戰爭，其情形與德攻波蘭時大異，中、蘇邦交迄仍良好，倭自身不有所犧牲，專以中國為餌，建川果以此為談判基礎，蘇必認為毫無誠意。竊謂倭愚不至此，東京盛傳此種消息，殆係離間我國及英、美關係之作用，我似應注意此點，建川活動，遵當隨時注意電陳。力子。

附註：47號去電，建川對蘇談判及活動情形希注意探查等由。電報科謹註。

顧大使維琪來電

民國二十九年十二月十二日

重慶外交部。二二七號。十二日。密息：（一）駐蘇法大使電告，蘇聯對日表面仍似欲接近，實際關於中國問題不願妥協，對華擬增加接濟，最近Stalin致書蔣委員長，內容雖不知，然料係表明蘇聯對華態度，此間已電告戈使留意，探訪內容。至蘇聯對歐，擬利用土耳其與保加利亞牽制軸心向歐洲東南發展。（二）十一日越督電：最近日軍態度不特缺乏友誼，竟變為敵視，現在海防佔據某街，敷設電網，惹起事端，法一軍官之妻幾死非命。顧。

二　蘇日簽訂中立協定

駐蘇大使館莫斯科來電

民國三十年四月九日

重慶外交部。二〇四五號。九日。松岡或將展至十三日離此，其表示為願多觀光蘇京，實際自為有所企求，同時亦足見其甚多困難，否則三日有餘，儘可了事。據蘇

方訊，迄至松、莫二次會晤尚無具體進展，蘇須日確有所與，又須不抵觸蘇國策與既定條約。松岡昨午應美大使宴，留四小時餘，彼等在美舊識，但蘇方仍甚注意。晚日使館張宴使團，祇軸心方面，蘇方有莫外長兩次長，無對外貿易部。大使館。

蘇日中立條約及宣言

（塔斯社莫斯科十三日電）

蘇聯人民委員會主席兼外交人民委員長莫洛托夫，與日本外相松岡洋右，過去數日來在莫斯科舉行談判之結果，蘇日中立條約已於四月十三日簽字。蘇、日關於互相尊重「蒙古人民共和國」與「滿洲國」雙方領土完整及邊疆神聖不可侵犯性之宣言，亦於同日發表。進行談判期間，史達林與日方代表日本駐莫斯科大使建川美次均曾參加。條約與言全文如左：

條約全文：

蘇聯最高蘇維埃主席團與日本天皇陛下，深願鞏固蘇、日兩國間之和平與友好邦交，茲特決定締結中立條約，因此雙方任命各自代表：蘇聯最高蘇維埃主席團任命蘇聯人民委員會主席兼外交人民委員長維阿徹斯拉夫、莫洛托夫；日本天皇陛下任命榮膺一等神寶章之騎士、日本外相松岡洋右及榮膺一等旭日章與四等金鳶章之騎士、日本特命駐蘇全權大使建川美次陸軍中將，為各自代表，雙方代表互閱國書，均屬完好妥善，當即議定條款如下：

第一條　締約國雙方保證維持相互間之和平與友好邦交，互相尊重對方領土完整與神聖不可

侵犯性。

第二條　倘締約國之一方成為一個或數個第三國敵對
　　　　行動之對象時，則締約國之他方，在衝突期
　　　　間，即應始終遵守中立。

第三條　現行條約自締約國雙方批准之日起生效，有
　　　　效期限定為五年。在期滿前一年倘締約國雙
　　　　方均未宣告廢棄本約，則有效期限自動再行
　　　　延長五年。

第四條　現行條約當從速呈請批准。批准證件當從速
　　　　在東京交換。

現行條約用俄文及日文繕寫兩份，由上開雙方代表簽字
蓋章，以昭信守。

一九四一年四月十三日，即昭和十六年四月十三日立於
莫斯科。

　　　　　　　　　　　　　　莫洛托夫（簽署）

　　　　　　　　松岡洋右　建川美次（簽署）

共同宣言全文：

遵照蘇、日於一九四一年四月十三日締結之中立條約精
神，蘇、日雙方政府為保證兩國和平與友好邦交起見，
茲特鄭重宣言，蘇聯誓當尊重「滿洲國」之領土完整與
神聖不可侵犯性，日本誓當尊重「蒙古人民共和國」之
領土完整與神聖不可侵犯性。一九四一年四月十三日於
莫斯科。

　　　　　　　蘇聯政府代表　莫洛托夫（簽署）

　　　　　日本政府代表　松岡洋右、建川美次（簽署）

　　　　　（錄自重慶中央日報民國三十年四月十五日）

三　外交部發表聲明

王部長對「蘇日共同宣言」發表聲明

中央社訊

外交部王部長對於蘇日共同宣言，十四日發表聲明如
下：本月十三日蘇聯與日本簽訂中立協定時所發表之共
同宣言，內稱日本尊重所謂「蒙古人民共和國」領土之
完整與不可侵犯性；蘇聯尊重所謂「滿洲國」領土之完
整與不可侵犯性。查東北四省及外蒙之為中華民國之一
部，而為中華民國之領土，無待贅言。中國政府與人
民，對於第三國間所為妨害中國領土與行政完整之任何
約定，決不能承認。並鄭重聲明，蘇、日兩國公布之共
同宣言，對於中國絕對無效。

（錄自重慶中央日報民國三十年四月十五日）

四　中立協定簽定後日蘇之接觸

駐蘇大使館莫斯科來電

民國三十年四月二十日

重慶外交部。二〇五九號。二十日。真理報今有長文
綜述各國報紙對蘇、日約之反響，其要旨可歸納為兩
點：（1）說明該約非為反對德國，亦非受德國壓迫，
對英、美報紙此類觀察頗加譏嘲，此為對德國之表示。
（2）說明去年七月起，東鄉、建川歷次提議，以至松
岡來俄，日本所要求為類似一九三九年之德蘇不侵犯
約，現所訂者為類似一九二六年之德蘇中立約。又特別
舉出去年十一月蘇聯不接受參加三國同盟提議之事實，
此為對英、美之表示。近日蘇方與建川間對懸案頗有談

判，但聞仍少進展。大使館。

駐蘇大使館莫斯科來電

民國三十年六月二十九日

重慶外交部。二一一六號。二十九日。一百八十三號電奉悉。蘇、德開戰後，當日有三電呈委座，二十三、二十五兩日各有一電呈部。聞建川美次二十七日訪莫洛托夫，內容未詳，大約暫仍敷衍，但蘇聯早對日戒備，遠東軍力甚強。昨電呈委座報告晤美克使情形，請部長托陳主任布雷抄送大使館。

駐蘇大使館莫斯科來電

民國三十年七月十四日

重慶外交部。二一三四號。十四日。蘇外部十二日照會：因德國剽襲艦在日本海附近活動，特宣布在日本海及堪察加沿海若干地點為危險區域，不便航行等因，特達。大使館。

駐蘇大使館莫斯科來電

民國三十年八月二十三日

重慶外交部。二一七九號。廿三日。日閣改組後，建川以立場與松岡相同，曾電辭職，日閣不欲對俄遽爾決裂，故予慰留，但建川近益懊喪，因探知侵蘇派日益抬頭，蘇聯亦明瞭日本終必攻蘇，益加戒備。大使館。

第二節 日蘇商約談判及延長漁業協定

一 日蘇談判商約

駐蘇大使館莫斯科電
民國三十年二月二十一日

重慶外交部。二〇〇〇號。二十一日。蘇、日間似已開始談判商約，德方消息稱，於十七日開議。蘇方未有發表，聞日方注重過境運輸，因此事迭商，未達目的。大使館。

駐蘇大使館莫斯科來電
民國三十年二月二十六日

重慶外交部。二〇〇五號。二十六日。日、蘇商約在進行談判中，因相關係之懸案甚多，蘇方又本無意速成，故並不如何順利，外傳已簽字說非確。蘇近與各國簽訂商約，皆隨即公佈內容或其要旨，對日決不獨守秘密。即前歲六月，與我訂商約時，情勢特殊，雙方訂定暫不公布，亦仍旋即發表簡訊也。聞日本已決心作較大之讓步，正在國內多方製造空氣，謂日、蘇必須從基本上增進友誼，以解懸案。我欲延緩其成，並阻其更作政治性之妥協，惟有與英、美共同設法增進對俄貿易及一般關係。大使館。

二 日蘇延長漁業協定

駐蘇大使館莫斯科來電
民國三十年一月二十一日

重慶外交部。一九八〇號。廿一日。（一）今日蘇報公

佈：蘇日漁約續延一年及修正之點，大部如需全文，當
電達。（二）職館原定十七晚宴請莫外長等，是日下午
四時接電話通知，莫外長因有要公請改期。（三）新四
軍事件，蘇報未揭載，外部亦未詢及，最近情形仍盼
電示。（四）宜昌日軍進攻及我軍奮擊情形，盼電示。
大使館。

蘇日漁約（蘇聯大使館新聞類編登載）

民國三十一年三月二十四日

塔斯社莫斯科二十一日電

蘇聯外交副人民委員長維辛斯基，與日本駐蘇大使
佐藤，於三月二十日在古比雪夫簽立關於將一九二八年
漁業協定延長至一九四二年底之議定書，並以如是之旨
趣交換照會。盡人皆知，一九二八年締結之蘇日漁業
協定之有效時限，早在一九三六年五月滿期。自此以
後，鑒於事實上新漁業協定迄未締結，一九二八年之漁
業協定遂於每年由蘇、日兩國政府議定延長一年，故
一九二八年之漁業協定，先行延長，一九三六年之所餘
時日一律有效，然後又每年繼續重新延長至一九三七年
底、一九三八年底、一九三九年底、一九四〇年底及
一九四一年底。

為將一九二八年漁業協定延長至一九四二年底，在
古比雪夫舉行談判之結果，蘇、日兩國政府已就下列諸
問題商得協議：

一、日本政府同意，日籍漁商不得參加關於租約於
一九四一年滿期之十九個漁區中五個漁區之拍賣。

二、日本政府同意，除日籍漁商應付之一切租金統稅與
　　關稅外，應再增繳百分之二十。此項增繳之款關於
　　一九四二年拍賣時，將由日籍漁商承租之漁區，更
　　應依照根據一九三九年四月二日交換之照會所規定
　　之手續，另外繼納增加租金百分之十。

三、鑒於為租借漁區而付款之條件時有變更，日本政府
　　同意應蘇聯國家銀行之要求，或以金條付款，此項
　　金條在海參崴交付，或以外滙付款，聽蘇聯國家銀
　　行擇定之。

四、日本政府又同意，日籍漁商以金條繳納租金時，應
　　另向蘇聯政府增付百分之四，以充金條之運輸費。

第三節　佐藤赴俄及日蘇新約

一　日派佐藤使蘇

駐蘇大使館古比雪夫來電
　　　　　　　　　　　　民國三十一年四月二日

重慶外交部。二三七二號。一日。佐藤抵此，今已五
日，聞蘇方不願其赴莫斯科，有加里寧日內來此，俾其
即在此間呈遞國書只說，確否？尚未證實。建川向伊蘭
大使辭行時曾答復詢問，日本既對蘇有所讓步，是否可
即締結長期漁約？謂現先商定展期，餘須另議。又曾答
復土耳其大使問日蘇關係前途，謂倘蘇聯不對日攻擊。
日本亦不攻擊蘇聯。大使館。

駐蘇大使館古比雪夫來電

民國三十一年四月十四日

重慶外交部。二三八六號。十四日。十三日真理報論日蘇中立約周年一文，此間外交界多認為蘇聯重要表示，係對佐藤此次活動之總答覆。蘇聯並不信任日本不致背信進攻，全文皆寓警告日本之意。至日本不攻蘇聯，蘇聯亦不攻日本，則為蘇聯正以全力對德時極自然的攻策。佐藤尚未返此，是否已離莫斯科，無從知悉，倘乘火車，至少須三晝夜到達。大使館。

駐蘇大使館古比雪夫來電

民國三十一年五月七日

重慶外交部。二四一四號。七日。佐藤對此間中立國使館大放和平空氣，謂彼一向反對戰爭，希特勒攻蘇係重大錯誤，日本攻華亦屬失策，日、蘇間決不至作戰云云。經以此為日本之和平攻勢，勸各館勿輕信，蘇聯宣傳警戒甚密，當不至受欺騙，而佐藤使蘇之作用，似漸明顯。大使館。

駐蘇大使館古比雪夫來電

民國三十一年八月一日

重慶外交部。二四九〇號。一日。日本即將進攻蘇聯之說，近盟約國紛傳：有謂德國、日本間有約束，日本此時已必須助德擊蘇，其時間不出本月。佐藤則未改變論調，仍謂蘇聯地廣民眾，非德國所能征服，正與日本不能征服中國相同，聞者多莫明其用意。蘇聯對此似早有定見，未放棄其備戰之態度而備戰益力，在遠東之軍備不僅未減。且更加強。大使館。

邵大使古比雪夫來電
民國三十一年十月二十六日

第五八五條。二十四日。重慶外交部部長鈞鑒：本日下午三時見莫洛托夫，首對蘇聯一年來全國軍民英勇抗戰表示欽佩，莫答蘇聯人民現正與中國人民作相同之奮鬥。次對蘇聯援助我國運輸遵示表示急促與希望，迅速圓滿解決，莫答蘇聯向持援助中國政策，現因對作戰困難，未能多作援助，但仍願盡其力之可能以助中國。次告奉命回國報告，莫謂大使確定何時歸國，報告其工作與所見？視蘇聯駐華大使亦回國述職，惟希望貴大使早日回任。次對中、蘇邦交希望能更進展，問其有何指教？莫答貴大使所云中、蘇邦交應更進展，余完全同意，中、蘇兩國應互相幫助，不僅有益兩國，亦與世界有利，蘇聯援助中國政策決不變更。蔣委員長甚為明瞭，貴大使所言，亦當轉陳史達林，次莫問中國所得英、美之援助，並表示友邦援助固甚重要，自建國防工業尤為根本。經答以中國亦正在此方面努力，但成敗亦須友邦協助，因述獨山子油礦等兩事，希望能速解決，莫答蘇聯亦願早日圓滿解決。次談日本問題，莫謂蘇聯深知日本甚為狂妄，尤深知其軍閥隨時可發動對蘇極危險之攻擊，故戒備甚嚴密。被侵略者對德國空前之暴力作戰，正希望歐洲速開第二戰場，則對東方戰事，希望從緩，甚屬自然，惟日本果發動攻蘇，蘇聯必積極抵抗。蘇聯相信能對德勝利，而對德勝利亦對其他有決定作用。告別時祝其作戰勝利，領袖與莫健康，莫亦祝我國勝利，並囑代向鈞座等致敬。謹呈。職邵力子叩。

傅大使古比雪夫來電

民國三十二年六月七日

第二八三一號。七日。重慶外交部部、次長：日本駐蘇大使佐藤於五日飛往莫斯科，據此間某使館消息，伊此次赴莫，係莫洛托夫所邀請，商談問題似包含下列兩事：（一）蘇聯租用美船甚多，自太平洋戰事發生後，日方認此項船隻雖掛蘇旗，仍係美船，故多予扣留，蘇方希望放行。（二）日方認蘇方船隻常將日船航行消息供給美方，致受重大損失，故提出抗議。傅秉常。

傅大使古比雪夫來電

民國三十二年六月三十日

第二八五八號。二十九日。部、次長。佐藤赴莫斯科事，迭電計達。據可靠消息，莫外長與美大使因此事曾會議數次，聞最近日方已將蘇船釋放。傅秉常。

自德蘇戰爭爆發，蘇聯即租用美輪船多艘行駛海參崴，日美戰後，日方認此向船隻對其威脅正大，常予扣留檢查。最近有蘇租美輪十五艘，行駛往日本海，其中六艘為日檢查並扣留二艘，蘇方當即向日本抗議，佐藤亦因此赴莫斯科商談。張堅謹註，七、二。

二　日蘇訂立新約

傅大使古比雪夫來電

民國三十二年四月十五日

第二七七一號。十五日。部、次長。本月十三日為日蘇中立協定二週紀念日，聞日方希望蘇方有所表示，但到期蘇政府及報紙均無表示。昨日那威大使來訪，據謂伊

昨早向蘇外部洛次長詢及何以蘇方未有表示？是否蘇日
關係不如前？洛良久始笑謂：「無表示即無變更」云。
傅秉常。

傅大使莫斯科來電

民國三十二年九月二十八日

重慶外交部部、次長：蘇聯戰爭與工人階級雜誌，本期
批評英職工會西特林爵士演說，西氏謂英較蘇聯多一敵
人，倘吾人表示希望蘇聯允許英、美利用蘇聯地方進攻
日本，即可撲滅戰爭。則是否蘇聯人民即可公開促其政
府攻日云云。此種論調迹近反動，雖欲代英、美辯護，
結果適得其反，如其意在挑起蘇日戰爭，應知蘇、日已
訂有中立條約，蘇聯對所負義務向來忠實履行，歐洲戰
場非止發生問題，而係英、美義務，一九四二即此擔
承，至於蘇、日能否衝突，即邱吉爾亦謂試觀蘇聯對抗
德國強力進攻之成績。誠不能強人所難云云。傅秉常。

傅大使莫斯科來電

民國三十三年四月一日

重慶外交部部、次長：本日蘇聯發表蘇日新約，日本將
在北庫頁島所經營油、煤兩礦交還蘇聯之議定書及漁約
續訂五年之議定書，並發表公告，全文如下：近數月來
外交次長洛索夫斯基與日本大使佐藤談判結果，業於本
年三月三十日簽訂，關於將特許日本在北庫頁島經營
之油、煤兩礦交還蘇聯之議定書，又雙方於三月十日
簽訂關於交還該兩礦程序之協定，此外於三月三十日
復簽訂該議定書施行條件，該條件規定詳細施行辦法
及兩礦日籍職工遣回日本之期限等項。查蘇聯政府於

一九二五年曾特許日本在北庫頁島經營油礦及煤礦，各一訂立協定，以四十五年為期，應於一九七〇年滿期，當一九四一年商談締結蘇日中立協定時，蘇聯政府向日本提議結束該特許協定，日外相松岡於簽訂中立協定時，曾向蘇方書面允許將此問題於數月內解決，嗣於是年五月三十一日復由駐蘇大使建川聲明，至遲不過自中立協定簽訂日起六個月內必將解決。但日方並未履行，直至談判之結果，始將該特許協定提前二十六年結束。又三月三十日簽訂關於一九二八年漁約續期之議定書，及其所附修改關於日本在蘇聯遠東領漁業條件之換文，其中有下列規定：（甲）日人所租而兩年內未經利用之二十四漁業區即行收回。（乙）所有原由日方租領而每年應提出競租之漁業區，蘇方有權租領百分之十。（丙）日方應以現金交付之租金及其他費用，較一九四三年增加百分之六，此外一九二八年漁約內所規定對蘇聯機關及人民漁業之各種限制，一概取消。所有關於蘇方漁業各種問題均由蘇聯自行處理，不再屬漁約範圍之內。新約規定在此次戰爭未終了前，於蘇政府一九四一年七月所指定之遠東各海區內禁止日人及其他外國人漁業，同時日政府依照蘇方之願望，保證日本漁業家在堪察達東岸及 Olutorski 灣所租領之各漁業區，於太平洋戰爭未終了前不從事漁業。再三月三十日日政府通知蘇政府，謂已決定撤銷日本駐北庫頁島 Alexandrovsk 總領事館及 Oha 領事館，同日蘇政府通知日政府謂已可決定撤銷蘇聯駐函館及敦賀兩領事館云云。傅秉常。

傅大使莫斯科來電

民國三十三年四月一日

第三一九三號。三十一日。重慶外交部部、次長：三一
九二號電計達。關於蘇日新約消息報發表社論，除敘述
與公告相同之訂約經過及新約內容外，並謂：（1）日
本經營北庫頁島油、煤兩礦之特許協定本應於一九四一
年十月結束，但日本未履行其諾言，顯係受是年希德進
攻蘇聯之影響。蓋當時日本政治家多以為德國閃電戰必
有把握，但紅軍之戰績及在開展中之盟軍行為使彼等終
覺悟，故日本政府於一九四三年秋間承認此事應繼續商
洽談判，昨已完畢，並已簽約。日方於締結中立協定
時，所擔任之義務於此而始履行，依照新約日本應結束
該礦業，並將一切建築物、設備材料、配件、交通工具
等產物移交蘇聯，此事實際上於三月十五日至二十五日
間業經辦理。（2）漁約中對蘇、日關係不利之各點，
現已取消。（3）結論謂新約對蘇日間數項懸案經已解
決，蘇聯國際地位之益增鞏固，其對外政策之適可，並
對同盟國在太平洋戰事上特殊情形之顧及，均可由新約
之簽訂而證明。由此足見蘇、日雙方均欲根據中立協定
互相了解。並願為雙方利益而解決之云云。傅秉常。

鄒尚友安戈拉來電

民國三十三年四月四日

第八六八號。急。重慶外交部部、次長：八六三號電計
達。詢據此間蘇聯大使館稱，該項報道適與事實相反，
即以前日本取得之租借權，現已提前取消云云。駐土耳
其公使鄒尚友。

三　蘇日關係的探討

四年來的蘇日關係

　　在這次大戰百亘長的時期中，遠東方面存著一種異常微妙的情勢，就是聯合國中在歐洲戰場苦戰已逾三年的蘇聯直到現在為止，與中、美、英諸國早已站在一條戰線協同打擊軸心集團，而蘇、日之間依然保持著似乎和睦的邦交關係，並未處於敵對國的地位。因此，一九四三年十一月間的開羅會議，與同年十二月間的德黑蘭會議，曾經分別舉行；關於亞洲部份多項問題，由中、美、英三國領袖在開羅會議詳細商討，蘇聯並沒有參加；關於歐洲部份各項問題，由英、美、蘇三國領袖在德黑蘭會議縝密協商，而中國並未參加。這顯然由於蘇、日兩國尚未成為交戰國，關於盟國對日戰略及處置戰敗後日本的各項問題，蘇聯參加商討，有所未便。又如一九四四年八月至十月的敦巴頓會議，主要議題雖係關於國際和平機構的組織，不啻是預擬新國聯組織大綱，為保障永久和平起草了一個具體的方案，但亦曾由中、美、英與英、美、蘇分為兩個階段舉行。最近英、美、蘇三國領袖舉行克里米亞會議，決定處置德國的重要事項及關於處置歐洲解放國家的事項，並為建立國際和平機構，擇定於一九四五年四月二十五日，英、美、蘇、中、法五國共同召集聯合國會談，地點確定在舊金山。關於對日問題，羅斯福總統與邱吉爾首相於克里米亞會議結束以後，在埃及亞歷山大港另舉行一次會議；美國務卿斯退丁紐斯適在訪蘇歸途，亦曾出席，報告在莫斯科與蘇聯當局商談的結果，美駐英大使威南特由倫

敦趕到參加；英、美關於對日問題的商討，蘇聯也沒有
參加，其原因，由於蘇、日兩國至今尚維持著邦交關
係，實在有所未便。盟邦人士咸以為聯合國召集的日期
與地點，英、美、蘇三國領袖所以作此決定，具有特殊
的意義，因為一九四五年四月二十五日是蘇日中立條約
是否繼續有效應該通知的日期，聯合國會議擇定在舊金
山舉行，更足以顯示盟邦當局極重視遠東。蘇、日兩國
的微妙關係，到聯合國會議開幕之日，或將告一段落？
盟邦人士一致所期望的蘇聯對日作戰，到那時候或亦可
獲得一個答案？事實究竟怎樣？頗難預料，呈現於目前
的情勢與蘇日中立條約對於雙方簽約國的拘束性，就是
很值得我們檢討的。

如此中立條約

蘇日中立條約簽訂於一九四一年四月十三日，是敵
國前首相近衛文磨最得意的傑作。自命為「蘇聯通」的
松岡洋右，以外相資格馳赴莫斯科，與史達林及莫洛托
夫經若干時日的磋商，簽訂於莫斯科。

條文極少，計包括下列四項：一、蘇、日雙方互約
保持和平友好關係，互相尊重彼此之領土完整及不可侵
犯性。二、締約國之一方如成為一個或數個第三國軍事
行動的目標，其他一方應保持中立，直至衝突終止時
為止。三、蘇日中立條約自雙方批准之日起發生效力，
有效期間限定為五年，如一方未於條約期滿前一年通知
廢止，該約自動延長五年。四、蘇日中立條約應儘速批
准，批准後在東京換文。除上述四項要點外，蘇、日雙
方曾發表對華極不友誼的共同宣誓，日本竟尊重「蒙古

人民共和國」之領土完整及不可侵犯性；同時，蘇聯亦對「滿洲國」作同樣保證，尊重「滿洲國」之領土完整及不可侵犯性！

當蘇日中立條約簽訂之際，史達林與松岡均甚興奮，以為一紙條文足以平息蘇、日間的各項糾紛，一切以和平方式妥謀解決。史達林向松岡說：「我所晤見的各國要人，從來沒有像你這樣率直的。」松岡指在場的日本駐蘇大使建川美次說：「他也是率直的人。」史達林大笑說：「領教了。」彼此舉觴稱慶，史達林亦破例飲酒，松岡又向史達林說：「條約今日告成，我絕不說謊。倘使說謊，願將首級奉獻於閣下。閣下如果說謊，我亦必取君首級。」史達林聞言大窘，說：「余之首級對於敝國關係重大，君之首級亦然，願各好自為之。」松岡與史達林「賭頭」的戲言，成為國際間的奇聞。此項條約簽訂以後，日本已無北顧之憂，始敢放膽實行南進，所以蘇日中立條約是太平洋戰爭提早爆發的重要因素之一。

締約後的影響

蘇日中立條約簽訂於四年以前，這時候，納粹正向巴爾幹侵略，蘇、德邦交，不絕如縷，所以有人說，該項條約的締結，是德國從中拉攏的。實際上，蘇日中立條約簽訂僅兩月餘。希特勒就下錯了一著棋，調集幾百萬軍隊，進攻蘇聯，蘇、德戰爭立即爆發了。假使蘇日中立條約是德國拉攏的，何致蘇、德關係惡化竟這樣快呢？在蘇、德戰爭開始的時候，蘇聯曾斥責保加利亞加入軸心同盟，並保證土耳其嚴守中立，復公開支持南斯

拉夫政府，反對依附軸心的南國新政府。這些舉措是否算是蘇聯外交政策的成功，到現在均已判然。納粹軍隊不攻英而攻蘇，使原想坐在高山看烽火的蘇聯當局，出乎意外的猝然應戰，以致演成像今日這樣的局面，在當時，希特勒固未嘗不以為必操勝算，但在今日看來，是怎樣呢？

蘇德戰爭既起，希特勒一再慫恿日本攻蘇，日本法西斯份子亦起而鼓噪，但蘇日中立條約雙方簽字未久，墨瀋猶新，日寇既企圖實行南進，那敢與蘇聯為敵，所以並未遵從希特勒的「鈞旨」。近衛內閣於一九四一年七月十六日塌臺，一手簽訂蘇日中立條約的外相松岡洋右亦辭職照准。當時近衛的官癮正濃，於辭職以後的兩日，又奉命組閣，任命板垣為朝鮮駐屯軍參謀長，岡村為華北日軍總司令，一時蘇、日邦交頗有惡化之勢。近衛運用政治手腕，一面緩和蘇、日間緊張的空氣，一面向美國暗送秋波，美、日談話就在八月間開始了。幸羅斯福總統具有高瞻遠囑的眼光，對於日本侵華，始終主持正義，認為許多非法所造成的事實，斷難承認，並認為日本參加三國同盟，是對愛好和平的美國一種極不友誼的行動，美、日談話終於毫無結果。嗣由東條繼近衛組閣，導演南進戰略，是年十二月八日太平洋戰爭爆發，日本與所有聯合國家為敵，愈足以說明其絕無侵蘇之意。

延續微妙關係

在太平洋戰爭爆發以後，蘇、日兩國的關係更顯得微妙了。日方表示「蘇、日雙方的友好睦誼，完全基於

蘇日中立條約，但蘇聯如決定參加各民主國家的陣線，則蘇、日關係或將惡化」，實際蘇聯早已決定參加反侵略同盟了。一九四二年歲首二十六國共同宣言稱：「聯合國家正對企圖征服世界的野蠻與獸性的武力，從事共同奮鬥。」當時蘇聯駐美大使是現任人民外交委員會委員長莫洛托夫，在華盛頓發表演說：「侵略的軸心國家是一群現代的野獸。」這與二十六國共同宣言所稱，絕無二致，所指責的，包括日本在內。

蘇聯在對德作戰之際，雖頗能抵禦納粹的攻勢，但當蘇、德戰爭的初期，究竟沒有獲得決定性的勝利，危機依然存在，當然力求避免兩面作戰。蘇聯當時所以不願與日本為敵，目的在抗禦納粹；日本當時所以不願與蘇聯為敵，目的在企圖南進。但這時候，日本已參加德、義、日三國協定，蘇聯也決定參加反侵略陣線，蘇、日間微妙的關係，竟在這矛盾中，繼續下去，以迄於今。但在一九四二年中，蘇日間忽張忽弘的關係，亦曾有幾度重要的表現：

第一、蘇日漁業協定延長有效時期，蘇日漁業協定締結於一九二八年，其有效期限早在一九三六年五月屆滿。此後，雙方鑒於新漁業協定迄未締結，乃將一九二八年的漁業協定，延長到一九三六年年底，從一九三六年起，又再延長至一九四二年底。當一九四一年冬，蘇聯外交人民委員會副委員長維辛斯基，與日本駐蘇大使佐藤，在古比雪夫簽訂議定書的時候，蘇聯當局聲明：「意在延長蘇日中立條約的正常外交關係，雙方均具誠意，藉以繼續中立條約友好的精神。在日本當

局的眼光中,雖視中立條約等於一張廢紙,但所以不惜
讓步,延長舊約,顯係企圖實現南進政策,免得與蘇聯
發生齟齬,那裡談得到「信義」與「誠意」呢?

　　第二、日本召回駐蘇大使建川美次,建川美次駐蘇
數年,對於蘇聯情形頗為熟悉,日政府為聽取建川的報
告,召其回國,任命佐藤尚武繼任。佐藤曾任林銑十郎
內閣時代的外相,向有和平派之稱,目的在緩和蘇日間
緊張的情勢,其用心在此。

　　上面所述的兩項,是日本示好蘇聯的事實。蘇聯
對於日本是怎樣呢?在蘇、德戰爭爆發以後,蘇聯履
行了中立條約的義務,但從未對日本屈辱或示弱。例
如:日本干涉蘇聯所購美國物資運往海參崴一事,蘇
聯政府聲明「凡阻撓美、蘇正常商務關係的態度,均
為對蘇聯不友好的行動」,日本也就不再申辯了。又
如:日輪氣比丸被擊沉事件,東條英機以陸相資格,
在議會中答覆議員詢問,出於對蘇恫嚇的口吻,竟說:
「陸軍已準備應付萬一」,海相島田也以同樣的口吻
說:「海軍已完成一切準備,以便應付局勢的變化」;
但蘇聯當局料定日本不敢北進,置若罔聞。迄於蘇日
中立條約締結滿一週年的時候,日本急進派鼓動「北
進」,蘇聯當局予以非正式的警告,謂幸勿弄火自
焚,日本急進派遂不敢再存奢望。

日本開始讓步

　　迄於一九四三年,蘇、日關係稍稍轉變,雙方同意
將漁業協定延長一年,日本且自願加重租金。當時日本
輿論頗譏政府過分懦弱,謂「蘇日關係,變幻莫測,

一九四二年之間，蘇聯對日採取強硬政策，阿部內閣過於懦弱，處處讓步，例如漁業協定日方加重租金一事，即其明證。自日俄樸資茅斯條約成立以來，此為最恥辱之外交。時至今日，日本應放棄討好蘇聯之政策，須以自由捕魚為最後之目的。」實際上，日本既企圖貫澈所謂南進政策，怎能不示好於蘇聯呢？

　　一九四三年間，蘇聯因備受德軍犯境的非常遭遇，憤恨之至，堅決表示反抗軸心集團，與英、美合作。美總統羅斯福與英首相邱吉爾於一月十四日在卡港舉行會議，曾邀蘇聯參加，史達林因軍事緊急，未往。五月間，羅、邱第五次會議在華府舉行，史達林亦未能參加。八月十日，羅、邱在魁北克再舉行會談，史達林又因事未獲前往。至十月三十日，四強宣言發表，蘇聯始參加了聯合國家關於各項具體問題的協商。美國務卿赫爾與英外相艾登先期抵莫斯科，與蘇聯人民外交委員會委員長莫洛托夫，舉行三國外長會議。美、英、蘇、中四強宣言所述各節，大半即係三國外長會議所決定的事項。四強宣言第二項稱：「彼等之中凡與一共同敵人作戰者，對於所有有關該敵人之投降及解除武裝之事項，均將採取共同行動。」在宣言中，雖未明言蘇聯應即對日作戰，但日本係聯合國家共同的敵人，蘇聯既簽字於二十六國的共同宣言，遵守大西洋憲章所示的目的與信念，復參加簽字於四強宣言，堅定決心，非至軸心國家無條件投降，決不停止戰爭，或有任何單獨行動，是不啻對日本再提出一紙嚴重警告，至是蘇聯的態度已完全明朗化了。

一九四三年十一月，中、美、英三國領袖會晤於開羅，決定了對日作戰計劃。開羅會議甫告結束，美總統羅斯福、英首相邱吉爾、蘇聯人民委員會委員長史達林，接續舉行會議於德黑蘭，雖僅係協商對德作戰計劃，並未涉及遠東問題，但這時候美國強大艦隊與空軍正在襲擊西南太平洋各島嶼，土魯克島危在旦夕，美國方面早想向蘇聯借用空軍基地，由於美、英、蘇三國對於歐洲戰事的協調，關於遠東問題亦增加了融洽的默契，日本所希冀聯邦不睦的幻想，終成泡影，其屢次施用的挑撥離間手段，亦完全枉費心機。

蘇聯外交攻勢

英、美、蘇三國領袖在德黑蘭會議中，對於聯合國家永久和平合作，獲得一致的協調。尤其是敦巴頓橡樹會議，確定對於組織戰後和平機構的原則，更確定了戰後持久和平的具體步驟。蘇聯與英、美在軍事上與政治上的成就，對於歐洲若干國家，甚至對於日本，都發生重大的影響。一九四四年三月間蘇聯對日外交的勝利，就是極顯著的例證。是年三月三十日，蘇聯外交委員會副委員長洛索夫斯基與日本駐蘇大使佐藤，簽訂兩項議定書：第一、北庫頁島日本油礦與煤礦租借區移交蘇聯。第二、一九二八年漁約延期五年。

第一項議定書，規定蘇聯與日本承租人於一九二五年十二月十四日所訂關於北庫頁島油礦、煤礦租約及附約與協定等，宣告作廢。蘇聯政府以五百萬盧布的代價，收回此項油礦及煤礦租借區一切權益，所有財產一律移交蘇聯。惟所存屬於日本承租之石油與煤炭，保證

免稅輸出。此外，蘇方同意從戰事結束之時起，五年以內，依照普通商業條件，每年供給日本石油五萬噸。

第二項議定書，規定一、一九二八年一月二十三日的蘇日漁業條約及所附文件，從一九四四年一月一日起，繼續有效五年。二、蘇聯團體及公民之捕魚活動，一概不受漁業條約及附件之限制，該約及附件所規定之一切限制，一概宣告無效。三、日本臣民及其他外國人，在戰爭終止以前，不得在蘇聯於一九四一年七月所確定的遠東若干領海域內捕魚。四、日本政府應提出保證，位於堪察加東部海岸及鄂列烏托爾斯克區，由日本臣民租用之一切漁區，在太平洋戰爭終結之前，不得利用。五、日本漁商將連續二年未利用之所租二十四個漁區放棄。六、實行拍賣之漁區中百分之十，蘇聯團體每年有經由拍賣租用權。七、增加漁區租金百分之三十。

按蘇日北庫頁島油礦及煤礦租借協定，係訂於一九二五年十二月十四日。此項租借義務始於帝俄時代，係一九〇五年日俄戰爭俄國戰敗之結果。依據該協定，蘇聯政府將北庫頁島油礦及煤礦租借與日開採，為期四十五年，至一九七〇年滿期。蘇聯方面曾有非正式聲明，當一九四一年春季，在談判蘇日中立條約時，蘇政府曾向日政府提出清算此項租借區的問題。在一九四一年四月十三日簽訂中立條約之時，日外相松岡向蘇聯政府作書面保證，在幾個月內解決此問題。至一九四一年五月三十一日，日本駐蘇大使建川美次奉命向蘇聯再度聲明，鄭重保證松岡之言，謂解決關於清算租借區問題，決不遲於中立條約簽字日期的六個月以

後。換言之：在一九四一年十月間即應解決。但日本政
府並未履行此項諾言，企圖德國於一九四一年六月大
舉犯蘇，發生重大的作用。結果是使日本失望了。迄
一九四三年秋，日政府認為關於清算北庫頁島日本租借
區的談判不能再延宕，因此談判即行開始，經過相當時
日，於三月三十日締結了蘇日清算北庫頁島日本租借區
的議定書。如此，則此項租借區的清算，原協定所規定
的租借期滿之前二十六年，即行完成，這足以證明蘇聯
對日外交的勝利。

日俄漁約訂立於一九○七年，自一九二五年蘇、日
復交以後，雙方即談判關於改訂此項漁約事件，歷三年
之久，於一九二八年一月二十三日，始簽訂日蘇漁業條
約，有效期間為四年。至一九三二年期滿及續訂日蘇漁
業協定，規定一九二六年漁約至一九三六年再行改訂。
至一九三六年，日、蘇兩國代表在莫斯科進行談判，商
訂新約，毫無結果，僅簽訂議定書，將一九二八年漁約
及附件的有效期間，延長至一九三七年十二月三十一
日。嗣後逐年延長，至一九三九年四月二日，在莫斯科
又簽訂日蘇漁業協定，將一九二八年漁約之有效期間，
再延長一年，並規定蘇聯收回漁區三十七區，而租金則
較前增加百分之十。迄於一九四四年三月三十日，蘇日
再簽訂議定書，將一九二八年漁約延期五年，就上述修
改的條文看來，絕對與蘇聯有利。這也足以說明蘇聯對
日外交的勝利。

北庫頁島油礦及煤礦租借問題，是蘇聯在歷史上最
痛心的事；而遠東漁業問題，又為蘇、日關係錯綜複雜

的重要因素。當太平洋戰局緊張之際，蘇、日突然解決
這兩件大事，由於日本處處對蘇聯讓步之故，蘇聯對日
外交攻勢，一步緊一步。

條約存廢關鍵

　　一九四四年九月，羅斯福總統與邱吉爾首相舉行第
二次魁北克會議，曾邀請史達林委員長前往參加，史達
林因指揮軍事的關係，未能接受羅、邱的邀請。英、美
兩國領袖於第二次魁北克會議結束以後，邱往莫斯科，
與史達林會晤，其主要議題雖屬於怎樣處置德國及怎樣
解決波蘭糾紛，並未涉及遠東問題，但英、美、蘇三國
實現進一步的合作，日本所希冀的英、蘇不睦或美、蘇
不睦，事實證明適得其反。迄於十一月六日即蘇聯國慶
紀念日，史達林發表長篇演說，認日本為侵略國，尤為
蘇聯對日表示強硬態度的首次。史達林說：「在現行戰
爭中，侵略國甚至在戰爭爆發以前，就有一種完全準備
好的侵略軍，而愛好和平的國家，連足敷動員的相當的
軍隊都沒有。如珍珠港事件，菲律賓及太平洋其他各島
的喪失，香港和新加坡的喪失之類討厭的事實，任何人
決不能認為是偶然的。那時，作為侵略國的日本，已證
明對於戰爭早有準備，比奉行和平政策的大不列顛及美
利堅合眾國，都準備得好些。」史達林委員長從來沒有
像這樣的露骨表示，很坦白的斥日本為侵略國。其實，
日本所造成的「討厭事實」真不少，單說日本對蘇聯
罷，日本出兵西伯利亞，干涉蘇聯革命，並就夠討厭
了，在我國抗戰中，日本先後在張鼓峰、諾門罕，向蘇
聯挑釁，也就夠討厭了。這些事實，史達林委員長諒未

嘗忽視。

　　蘇、日關係由黯淡而逐漸明朗化，不僅由於史達林委員長「斥責日本為侵略國」一言而益明顯。尤以羅、邱、史在克里米亞會議擇定一九四五年四月二十五日為召開聯合國會議之期，意義更為重大。因為一九四五年四月二十五日，是蘇日中立條約宣告廢止與否最後的一日，根據蘇日中立條約第三條規定：「現行條約自雙方批准之日起，發生效力，有效期間限定為五年，如一方未於條約期滿前一年通知廢止，則該約自動延長五年。」按該約締結於一九四一年四月十三日，蘇、日兩國政府均於是年四月二十五日批准，所以該約生效之日是一九四一年四月二十五日。至今年四月二十五日聯合國會議開幕之日，適值蘇日中立條約「滿期前一年」最後的一日，蘇聯既同意聯合國會議在太平洋東岸的舊金山舉行，又同意於蘇日中立條約決定存廢最後的一日舉行，盟邦人士咸以為蘇、日的微妙關係將告結束。事實究竟怎樣呢？在蘇日中立條約決定不再繼續以後，蘇聯是否可不受條約束縛而有所行動？又誰能預斷呢？

（錄自重慶時事新報民國三十四年三月四、五兩日連載）

第四節　蘇俄廢除中立協定及參戰

一　蘇俄廢止中立協定增兵備戰

張大田海參崴領館來電

民國三十三年十二月九日

第八八三號。八日。重慶外交部部、次長鈞鑒：近聞此

間有對日積極備戰說，又聞莫斯科有進行談判要求旅、大等問題說，確否雖不敢定，但證諸日前儒克元帥等來此之說，上述傳聞似有可能。查現今日寇無攻蘇實力，蘇聯又為利己及現實主義之國家，如與日本開戰，必有所圖，據測約有以下數端：（一）堪察加與海參崴間航線須經宗谷海峽，若將日屬庫頁島索還，則宗谷海峽不致為日本所獨有，堪崴航線可策安全。（二）近年蘇聯加強海軍，但因無良好根據地，無時不垂涎我之旅、大，去年美前駐蘇聯大使臺維斯宣稱此事時，蘇聯政府未有否認之表示，足查蘇聯確有謀我旅、大之野心，蘇聯認為與日本開戰為取得旅、大最好機會。（三）蘇聯向認資本制度國家環繞為其最大威脅，故以聯合鄰國成立一親蘇安全網為國策，近對波蘭及巴爾幹各國成立汎斯拉夫同盟，即此種政策之表示。伊蘭、阿富汗正在組織中。在我國方面若能在我東北樹立親蘇政權，則多年來念念不忘之安全網，即可成功，日、蘇開戰又為造成此種政權之良機。基於上述各點，莫斯科談判或不協，繼之以戰，似屬可能。張大田。

錢泰巴黎來電

民國三十四年一月九日

第九四號。九日。重慶外交部部、次長並轉呈主席鈞鑒：昨蘇聯大使宴法外長，陪客僅中、英、美三國大使，席間蘇大使起祝中國及主席健康，飯後與其軍事代表閑談，彼謂日本非但中國之敵，亦蘇聯之敵。歐戰結束後蘇聯有加入作戰之可能，嗣詢英大使，戴高樂是否將加入三頭會議？彼謂恐未必然，職錢泰。

傅大使莫斯科來電

民國三十四年四月六日

第一一五號。六日。重慶外交部部、次長：蘇報載四月五日下午三時，蘇外長莫洛托夫接見日大使佐藤，並代表蘇政府聲明如下：蘇日中立條約於一九四一年四月廿五日簽訂，即在德國侵犯蘇聯及日本與英、美發生戰爭之前，嗣後情形完全改變，德國侵犯蘇聯而日本為德國盟友協助其對蘇作戰。又日本與蘇聯同盟國英、美作戰，在此情形下蘇日中立之條約失其意義，而條約之延長已屬不可能。由上所述，根據該項條約第三條關於五年期滿一年之前得廢除該約之規定，蘇政府現對日政府聲明期望廢除一九四一年四月廿五日所訂條約，希予接洽。日大使允將蘇方聲明報告日政府云。傅秉常。

傅大使莫斯科來電

民國三十四年四月八日

第一一七號。八日。重慶外交部部、次長：七日消息報發表社論，略謂一九二二年日本佔領庫頁島，一九三八年張鼓峰事件，皆因日本對蘇實行侵略政策，以致雙方屢次發生嚴重衝突。蘇日中立條約之簽訂，表示日本政策失敗，被迫與蘇調整關係，德國對蘇作戰初期。日本若干人士原擬加入德國作戰，嗣則利用此機會對英、美作戰，實行在南洋之帝國主義。在蘇、德戰爭期中，日本繼續加強與德國之合作，此不但有重大政治意義，亦且援助對蘇作戰，同時日本又對蘇聯盟邦英、美作戰，在此情形下，蘇日中立條約失去意義，而其延長已屬不可能，是以蘇政府通知日方廢止該約云。傅秉常。

傅大使莫斯科來電

民國三十四年六月十六日

第二一八號。十六日。重慶外交部：十五日紅星報載文論戰事，略謂：歐洲大戰之結果，對於太平洋戰事自有影響，惟德國崩潰前，日本軍事情形早已惡化，最近盟軍在太平洋之成就，不但威脅日本與中國海上交通，增加對日轟炸，並使其可能在日本或亞洲大陸登岸。惟今後日本抵抗將更頑強，將來決定性之戰爭必在日本本土，兩同盟軍之運輸供給亦為複雜困難之問題。至於攻日本本土之跳板，外國軍事評論家認為以英、美同盟之中國為最適當，現在盟軍陸續自歐洲調往太平洋，今後太平洋方面大規模之進攻自將增強云為。傅秉常。

徐德光新西比利亞來電

民國三十四年七月十四日

一〇三號。一四日。重慶外交部部次長鈞鑒：蘇聯開赴遠東車仍陸續不絕，據聞自海參崴至赤塔一帶大軍雲集，積極備戰。最近此間與遠東長途電話已拒絕私人通電，情勢益徵遠東軍事情勢緊張之一節，據此間社會人士表示：蘇聯在十月革命節前後必將對日宣戰云。又蘇聯宣布局部復員令後，此間軍事工廠仍未恢復平時狀態。職徐德光叩。

二　蘇俄參戰

張大田海參崴領館來電

民國三十四年八月九日

第一〇四號。九日。重慶外交部部、次長鈞鑒：本日夜
二時，忽行燈火管制，清晨又廣播蘇聯自九日起對日入
於戰爭狀態。十時職約與外交員會晤，已約定下午一
時，嗣外交員又改請於十二時前往，美領亦在座，外交
員當告以蘇聯與日本已處於戰爭狀態，並有酒點招待。
據悉官方已將日領館辦公處所加封，館員出入公開監
視，電話突予截斷云，沿海邊區業已戒嚴，老弱婦孺迫
令疏散。又美領本日來館，與約定彼此加以聯繫，互換
消息。張大田。

駐海參崴領館來電

民國三十四年八月十日

第 102 號。八月十日。重慶外交部部、次長鈞鑒：遠
東第一軍（沿海邊區）總司令為前卡列利亞艦隊總司
令 Weretzkov 元帥，參謀長為 Krutikop 中將，太平洋艦
隊司令仍為 Umachev 海軍大將，參謀長為 Fralov，於
本月九日均布告戒嚴，要求民眾協助軍隊保持鎮靜，嚴
格奉行一切有關軍事之設施。此間訓練有素，人心安
定，民眾疏散由官方組織，亦頗有秩序。昨夜敵機希
圖轟炸，但未得逞，聞雙城子曾遭轟炸。又伯利至滿
洲里邊境九日被蘇軍衝破，深入十五至二十五公里。
駐海參威領館。

傅大使莫斯科來電

民國三十四年八月三十日

第四二七號。三十日。重慶外交部部、次長：二十六日真理報及紅艦隊國際評論欄載文，略謂：日本雖已崩潰，惟列強如有片刻信任日本帝國者之欺騙狡猾策略，則為罪孽之愚行。日本極欲仿效一九一八年德國參謀部之策略，表面宣言革新，實行陰謀，拯救戰爭罪犯，保存其將帥，以準備復仇。是以聯合國應消滅遠東侵略者之作戰能力云。傅秉常。

民國史料 22

近代中日關係史料彙編：
抗戰時期封鎖與禁運事件
Historical Documents on Modern Sino-Japanese
Relations:
The Blockade of the Second Sino-Japanese War

編　　者　民國歷史文化學社編輯部
總 編 輯　陳新林、呂芳上
執行編輯　林育薇
排　　版　溫心忻、盤惠秦

出 版 者　開源書局出版有限公司

　　　　　香港金鐘夏慤道 18 號海富中心
　　　　　1 座 26 樓 06 室
　　　　　TEL：+852-35860995

　　　　　民國歷史文化學社有限公司

　　　　　10646 台北市大安區羅斯福路三段
　　　　　　　37 號 7 樓之 1
　　　　　TEL：+886-2-2369-6912
　　　　　FAX：+886-2-2369-6990

銷 售 處　源流成文化 股份有限公司
　　　　　10646 台北市大安區羅斯福路三段
　　　　　　　37 號 7 樓之 1
　　　　　TEL：+886-2-2369-6912
　　　　　FAX：+886-2-2369-6990

初版一刷　2020 年 4 月 30 日
定　　價　新台幣 370 元
　　　　　港　幣 100 元
　　　　　美　元　14 元
I S B N　978-988-8637-62-1
印　　刷　長達印刷有限公司
　　　　　台北市西園路二段 50 巷 4 弄 21 號
　　　　　TEL：+886-2-2304-0488